Kindheitslegenden

Jakob Streit

Kindheitslegenden

Kindheit und Jugend Jesu

Mit Illustrationen
von Assja Turgenieff

Verlag Freies Geistesleben

Meiner Mutter zugeeignet

ISBN 978-3-7725-2480-6

Neuausgabe
11. Auflage 2015

Verlag Freies Geistesleben
Landhausstraße 82, 70190 Stuttgart
Internet:www.geistesleben.com

Einbandgestaltung: Thomas Neuerer unter Verwendung des Bildes
Die Flucht nach Ägypten von Meister Bertram
(Detail des Buxtehuder Altars) / bpk
Druck: GGP Media GmbH, Pößneck
Printed in Germany

Inhalt

Die Hirten

Die Könige

Auf der Flucht

In Ägypten

Auf der Rückkehr

Zu Nazareth

Das Licht leuchtet weiter

Die Hirten

Bei der Schmiede zu Bethlehem

Zu der Zeit, da Kaiser Augustus alles Volk zählen ließ, kamen Joseph und Maria nach beschwerlicher Reise in die Straßen von Bethlehem. Vergebens klopfte Joseph um Herberge an; keine Tür öffnete sich ihnen. Sie gingen die Straßen auf und ab. Unter dem Vordach einer Schmiede sank Maria nieder auf einen Stein, um ein wenig zu ruhen. Drinnen in der Werkstatt war der Schmied an seiner Arbeit. Im Feuerschein der Esse rötete sich das blasse Gesicht Mariens. Mit kräftigem Arm zog der Schmied am Blasebalg und entfachte immer wildere Gluten. Höher und tiefer flackerte die Flamme. Der Rauch warf dunkle Schatten durch den rußigen Raum. Jetzt riss der Schmied mit der Zange ein glühendes Eisenstück aus dem Feuer und trat damit zum Amboss. Donnernd schlug der Hammer darauf, und von dem Eisen sprühten die Funken wie ein Sternenregen durch den qualmenden Rauch. Jedes Mal, wenn der Amboss unter dem Hammerschlag erzitterte, fuhr es Maria wie ein Messerstich ins Herz, und sie fragte leise: «O Joseph, was hämmert der Schmied?»

Joseph trat in die Tür der Werkstatt und rief hinein: «Sage mir, Meister Schmied, was hämmerst du so eifrig?» Dieser hob mit der Zange ein dunkel glühendes Eisenstück in die Höhe und sprach: «Ich schmiede Nägel für Verbrecher, die ans Kreuz geschlagen werden. Die römischen Knechte drängen meine Arbeit sehr; morgen wird gekreuzigt zu Jerusalem!»

Da erhob sich Maria von ihrem Stein, verließ die Schmiede und seufzte. Es war eine Stunde, bevor den Hirten auf dem Felde das Licht erschien und das Kind geboren ward.

Das Leuchtkäferchen

Als der Engel den Hirten auf dem Felde verkündet hatte, dass das Christkind in der Krippe liege, kroch ein kleines Käferlein ins Krippenstroh. Und der Engel neigte sich zu dem Kinde; er sah das Käferlein in den Halmen und sprach zu ihm: «Was tust denn du hier? Geh zu den Tieren des Feldes und sag ihnen, ein Himmelskind sei auf die Erde gekommen.» Sprach der Käfer: «Wer sollte mir glauben, ich bin ja hässlich und klein.» Da tupfte ihm der Engel einen Glitzerfunken

auf seinen Rücken: «Hier hast du ein Lichtlein, das soll die Wahrheit leuchten.»

Voll Freude surrte das Leuchtkäferchen zum Stall hinaus, ging in die Büsche zu Has und Reh, kroch zwischen Steine zu Schneck und Igel, flog auf die Bäume zu den schlafenden Vögeln und rief immerzu: «Ein Himmelskind ist auf die Erde gekommen, ein Himmelskind ist auf die Erde gekommen!» So haben auch die Tiere vernommen von der Heiligen Nacht, und die Vögel sangen schon lange vor Tag.

Wer aber hat es den Fischen gesagt?

Zur heiligen Stunde sind Sternschnuppen in alle Wasser der Welt gefallen; so haben auch die Fische erfahren, dass eine besondere Nacht sei. Seither glänzt ihr Schuppenkleid viel schöner als vorher, und es heißt: «In der Heiligen Nacht können alle Tiere miteinander reden, für kurze Zeit um Mitternacht.»

Das Wiegenlied

Im Gebälk des Stalles hatte ein unscheinbarer Vogel sein Nest gebaut. Da nun Maria dem Kind in der Krippe mit zarter Stimme ein Schlummerlied sang, schob der Vogel den Kopf horchend über den Nestrand hinaus. Solch schöne Weise hatte er noch von keinem seiner singenden Brüder vernommen. Er hüpfte auf einen Balken und lauschte hinunter zu dem leisen Gesang. Aber die Kälte hatte Maria auf der Reise arg zugesetzt, und bald verstummte ihr Lied; der Ton erstickte in Heiserkeit. Der Vogel hob die Flügel und flog leise auf den Rand der Krippe hinunter. Er versuchte, die zarte Weise nachzusingen, die er von Maria gehört hatte. Feine, edle Töne klangen aus seiner Kehle. Es war wie fernes Jubilieren von Engeln und wie stilles Beten der Hirten. Darüber fanden Joseph und Maria trotz der Kälte der Nacht einen guten Schlaf, und der Knabe in der Krippe lächelte selbst im tiefen Schlummer bei dem herrlichen Lied.

Der Vogel, der von Mariens Wiegenlied den Ton bekommen hat, ist die Nachtigall, und sie hat ihn nimmermehr verloren, und ihr Lied erklingt, wenn im Frühsommer die ersten Rosen blühen und im Garten die weißen Lilien leuchten.

Die Hirtin Magdalene

Einer von den Hirten, der zur Krippe seine ärmliche Gabe brachte, hatte eine Tochter mit Namen Magdalene. Die half oft beim Hüten der Herden. Als nun die Hirten in später Nacht aus dem Stall traten, um wieder zu ihren Schafen zu gehen, sprach der Vater von Magdalene zu den andern: «Geht ohne mich voraus. Bald komm ich zu euch aufs Feld zurück. Lasst mich nur im Vorbeigehen meiner Tochter das große Wunder anzeigen, sie könnte es mir sonst übel nehmen.» Er begab sich seitab zu einer armseligen Hütte im Feld, weckte das Mädchen und erzählte ihm aus erfüllter Seele, was sie bei den Herden und im Stalle erfahren hatten. Gerne hätte ihn Magdalene weiter befragt, aber der Vater beeilte sich, zu den Schafen zurückzukehren, wie er versprochen hatte. Nun weilte aber Magdalene allein im Hause, denn ihre Mutter war schon lange gestorben. Sie besorgte dem Vater den ärmlichen Haushalt. Der wunderbare Bericht, den sie eben vernommen hatte, ließ ihr keine Ruhe, und sie dachte: «Könnte ich nur für einen Augenblick das Gotteskind durch eine Spalte des Stalles ansehen, mein Lebtag würde ich mich daran freuen.» Wirklich erhob sie sich, bevor der Tag dämmerte, verließ das

Haus und eilte über die Felder. Sie waren ihr auch zur Nacht wohlbekannt. Der Weg war weit. Endlich kam sie zum Stall. Sie suchte in der Tür nach einer Ritze und schaute mit klopfendem Herzen ins Innere. Da gewahrte sie drinnen die Heilige Familie in stillem Schlafe; ein leuchtender Engel war bei ihr. «Wie liegt das Kind so arm und ohne jeden Schmuck», dachte Magdalene, «hätte ich nur etwas, womit ich es zieren könnte.» Traurig schaute das Mädchen auf seine leeren Hände und trat den Rückweg an. Es wusste nicht, wie ihm war: Tränen fielen aus seinen Augen auf das winterliche Feld. Plötzlich stand der Engel neben ihm und fragte: «Kind, warum weinest du?» Magdalene war dermaßen von der herrlichen Erscheinung überwältigt, dass ihr das Wort in der Kehle stecken blieb; schüchtern hielt sie dem Engel ihre leeren Hände entgegen. Dieser beugte sich nieder und berührte die Erde, worauf eben ihre Tränen gefallen waren. Vor dem erstaunten Blick Magdalenens wuchsen seltsam schöne Blumen aus dem winterlichen Feld. Sie kniete nieder und pflückte sachte die silberhellen Blüten. Dann folgte sie dem Engel in den Stall und schmückte damit die Krippe, indes die Heilige Familie still schlummerte.

Christrosen waren es, wie sie noch heute zum Fest der Christgeburt aus beschneitem Boden erblühen.

Esel und Rind

Draußen im Felde herrschte bittere Kälte, als das Kind in der Krippe lag. Maria und Joseph suchten im Stall die Halme zusammen von Stroh und Heu. Sie bedeckten damit das Kind, dass es nicht frieren möge. Als es nun schlummerte, ruhten auch Maria und Joseph.

Im Stall lagen ein Rind und ein Esel. Das Rind kaute im halben Schlaf und nickte still mit dem Kopf vor sich hin; der Esel jedoch fand keine Ruhe. Bald scheuchte sein Schwanz eine Fliege weg, bald kratzte er sich mit dem Huf die graue Haut. Endlich stand er gar auf und trottete im Stall herum. Bei der Krippe blieb er stehen. Er schnupperte an den Halmen herum. Das gefiel ihm, gleich so ein großes Büschel zu finden, und schließlich lag das Heu ja in seiner Krippe. Gemächlich begann er die Halme zu verzehren. So strich die kühle Luft über die dünnen Windeln hinweg, und das Kind begann zu frieren. Da schob das Rind den Kopf zum Krippenrande vor und hauchte über das Knäblein seinen warmen Atem. Maria erwachte, als der Esel wieder ein Büschel fasste. Sie lächelte: «O Esel, bist du eine hungrige Haut, dass du selbst dem Krippenkind Heu und Stroh wegfrisst.» Dem lieben Rind kraulte sie hinter den Ohren und redete zu ihm: «Gutes Rind! Wenn du ein Kühlein geworden bist, wird deine Milch vielen Kindern rote Backen geben und sie gesund erhalten.» Von da an streichelte Maria das Rindchen oft, solange sie im Stalle weilte.

In der Wüste, als der Esel die Mutter Maria mit dem Kinde über den heißen Sand trug, konnte er seine Gefräßigkeit wiedergutmachen; da hat er nicht geklagt und im ärgsten Hunger stachlige Disteln gefressen.

Der Hirte Boas

Da die Hirten draußen auf Bethlehems Feld bei ihren Herden lagen, breitete sich eine wundersame Stille über die Erde. Kein Hund bellte, kein Schaf blökte, kein Nachtvogel flog herum. Da nun die Stunde der Christgeburt nahte, waren alsbald bei den Hirten die himmlischen Heerscharen, und der Engel des Herrn verkündete ihnen die Geburt des göttlichen Kindes zu Bethlehem. Und da die Engel von ihnen wieder gen Himmel fuhren, eilten die Hirten dorthin, wo sie der Engel gewiesen. – In einem Stall fanden sie Maria und Joseph und das Kind in der Krippe liegen. Als sie vor ihm niederknieten und es innig verehrten, ging im Herzen des jüngsten Hirten ein Licht auf. Eine Stimme rief ihm zu: «Auf, Boas, eile in die Stadt Bethlehem; erzähle aller Welt, was heute Nacht geschehen ist, auf dass es viele in ihren Sinn aufnehmen und nimmermehr vergessen!» Da fühlte der Hirte Boas große Kraft in sich und eine himmlische Freude, sodass er trotz nächtlichem Dunkel sich aufmachte.

Am Tor des Städtchens standen zwei römische Soldaten als Wächter. Denen kam die Zeit gar lange vor; denn sie hatten einander nichts mehr zu erzählen, und es fror sie in kalter Nacht. Sie stampften mit den Stiefeln auf die harte Erde, um ihre Füße zu wärmen. Boas achtete nicht auf ihre Helme und Schwerter. Gleich redete er sie mit Ungestüm an: «Habt ihr das große Licht auf dem Felde auch gesehen und die Engel singen hören? Seht drüben am Hügel jenen Stall; dort ist eben ein Gotteskind zur Welt gekommen!» Die beiden Soldaten grinsten einander an. Der eine deutete mit den Fingern an seine Stirn zum Zeichen, dass er den Kerl für verrückt halte. Der andere aber schlug mit dem Schwert an seinen Schild und rief: «Kehr heim, Bursche, Verrückten ist verboten, in der Nacht wie wilde

Hunde herumzulaufen!», und nochmals schlug er an den Schild. Einen Augenblick stand Boas, der junge Hirte, da wie versteinert. Konnte das sein, dass Menschen nichts von der Botschaft hören wollten, dass da draußen der Himmel sich aufgetan? – Ein schwerer Schlag auf seine Schulter, vom Soldaten mit flacher Klinge versetzt, brachte Boas wieder zu sich selbst. Schmerz durchzuckte ihn, und vornübergebeugt wankte er durchs Tor hinein ins Städtchen Bethlehem. Hinter sich hörte er das gröhlende Lachen der römischen Knechte.

Auf der Steintreppe eines hohen Hauses ließ Boas sich wie betäubt nieder. Warum er weinte, wusste er nicht. Leise murmelte er die Worte vor sich hin:

«O Gotteskind, wirst auch du vor der Welt unter Schmerzen deinen Rücken beugen müssen?» Der Hirte blickte zum Nachthimmel auf: Die Sterne erbleichten. Der Morgen graute. Da trat aus der Tür der Herberge ein Wasserträger auf die Treppe mit zwei Krügen. Boas richtete sich halb auf und sprach: «Wasserträger, diese Nacht ist uns der Engel des Herrn bei den Herden erschienen und hat uns die Geburt eines Gotteskindes offenbart. Es liegt draußen im Feld im Stalle des Eli. Geh, bring der Mutter ein wenig Wasser!» – «Was ist mit dir, Boas», antwortete der Wasserträger, «dass du hier auf der Treppe liegst und nicht bei deinen Schafen? Für deine Späße hab ich heute keine Zeit; das Haus ist voll hergereister Gäste. Kann heute nicht mit dir scherzen», und weg war der Wasserträger, bevor der Hirte ihm weiter berichten konnte. Boas strich sich über die Stirn: «Träume ich? Ist denn nicht etwas Gewaltiges geschehen in dieser Nacht? Die Leute eilen an ihre Arbeit, als ob heute ein Tag wie jeder andere wäre. Soll ich durch die Gassen schreien, dass man auf mich hört?» Er erhob sich rasch von den Stufen und begab sich auf die Straße, die sich langsam belebte. Da gewahrte er, wie aus seiner Werkstatt der Schmied heraustrat, der ihm schon oft sein Hirtenmesser geschärft hatte. Er trug unter dem Arm einen Ledersack, als ob er auf Reisen gehen wollte. Boas eilte zu ihm unter das Vordach und sprach: «Meister, lass heute die Arbeit ruhn. Eine heilige Nacht geht zu Ende. Auf dem Felde sind uns Hirten die Engel erschienen. Draußen im Stalle des Eli ist ein Gotteskind zur Welt gekommen.» Der Schmied, der sonst gerne mit dem Hirten ein paar Worte wechselte, erwiderte unwillig: «Hab heute keine Zeit zuzuhören, was dir in dieser Nacht geträumt hat. Sieh hier diese Last Nägel, die muss ich nach Jerusalem schleppen und den römischen Knechten abliefern, muss jetzt schnell meinen Esel antreiben.» Mit großen Schritten ging er davon, ließ den Hirten stehen.

Da merkte Boas, dass seine Botschaft so gewaltig war, dass kein Mensch sie recht fassen und ihr Glauben schenken konnte.

Gerade trat die Frau des Schmiedes aus dem Haus, um ihrem Manne zum Abschied nachzuwinken. Etwas zögernd redete Boas sie an: «Guten Morgen, Frau Meisterin!» – «Guten Morgen, Boas. Schon so früh in der Stadt?» – «Ich wollt euch sagen: draußen im Stalle des Eli hat diese Nacht eine arme Mutter einen Knaben geboren und ihn in die Krippe gelegt. Ihr Mann ist bei ihr; doch tät mancherlei Not.» Da sprach die Frau des Schmiedes: «Guter Boas, ich will hingehen und etwas mitbringen. Mein Mann geht auf die Reis', da hab ich wohl Zeit.» Vor Freude fasste Boas sie bei den Händen, schüttelte sie heftig und sprach: «Es ist ein göttlich Kind! Die Engel haben es uns diese Nacht verkündet und uns Hirten den Weg zum Stalle gezeigt.» Die Frau des Schmiedes erschrak. So fast wie von Sinnen hatte sie Boas noch nie gesehen. Als sie aber den Glanz in seinen Augen sah, ward auch ihr so seltsam freudig zumute. Konnten Hirtenaugen so leuchten? Sie wusste nicht, was sagen; aber sie fühlte, dass im Stalle des Eli etwas Besonderes sei und dass sie gleich dahin gehen müsse. Kurze Zeit darnach war sie unterwegs mit Krug und Korb.

Indes kam Boas zum Stadtbrunnen und traf da

den alten Bettler Levi. Er war seit Jahren fast erblindet und saß Tag für Tag schon in den Morgenstunden hier beim Brunnen, Almosen bittend. Neben ihm lag eine lederne Wasserflasche. Niemand gönnte ihm ein Wort, und niemand achtete seiner. Zu ihm trat Boas und sprach: «Levi, Alter, du brauchst nicht lange mehr zu betteln: das Himmelreich ist nahe gekommen. Die Engel haben uns diese Nacht verkündet, dass Gottes Sohn geboren ist und liegt im Stalle des Eli vor der Stadt. Und ich hab ihn gesehn von Angesicht!» Der Alte antwortete: «Boas, bist du's? Setz dich her zu mir. Erzähle!» Der Hirte ließ sich neben Levi nieder und dachte: «Endlich ein Mensch, der mich ganz anhören will», und nun erzählte er mit begeisterten Worten, was sich in dieser heiligen Nacht zugetragen hatte. Der Bettler lauschte und lauschte, und in seiner Seele blühten die Worte des Hirten auf wie Rosen am Baume. Da nun Boas seinen Bericht beendet hatte, rief der Alte: «O Wunder über Wunder! O große Verheißung! – Boas, geh weiter, erzähle allen, die hören wollen! – O könnt ich meine Wasserflasche zum Stalle des Eli tragen und Kind und Eltern grüßen!» – «Levi», sprach Boas, «ich führe dich hin! In all ihren Geschäften haben die Menschen ja doch keine Zeit, das Wunder aufzunehmen und zur Krippe zu gehn!» – «Boas, scheust du dich nicht, mit dem Bettler zu gehn?» – «Komm, Levi, vor jenem Kind sind alle Menschen Brüder, hat der Engel gesungen.»

Levi, der Bettler, hatte seinen Arm auf des Hirten Schulter gelegt. So schritten sie am Markt vorbei. Boas sprach: «Sind wenig Händler da; ist ihnen wohl zu kalt, den halben Tag da zu stehen und zu frieren.» Levi hielt plötzlich inne. Mit flinken Fingern tastete er an seinem abgeschabten Ziegenfell herum, als ob er etwas suchte. Endlich fasste er einen Zipfel und bat: «Boas, reich mir dein Messer.» Erstaunt gab dieser sein Hirtenmesser. Levi schnitt damit ins Leder und zog eine römische Münze hervor. «Sieh her», sprach er, «die hat mir einst ein römischer Soldat vor die Füße geworfen. Habe mich darüber gefreut, dass auch in einem römischen Soldaten unter tausend ein mitleidig Herz schlagen kann. Darum hab ich sie mir aufgehoben. Der Kopf des Kaisers Augustus ist darauf. Nimm sie, Boas, kaufe hier beim Händler Feigen und Datteln für die Familie im Stall.» So geschah es. Als die beiden vor das Stadttor traten, standen andere Wächter davor als frühmorgens. Sie würfelten auf einem Stein und warfen ab und zu einen flüchtigen Blick zum Tor hin. Unbeachtet schritten Levi und Boas an ihnen vorbei. Bald verließen sie die Straße und schritten querfeldein. Fester legte Levi seinen Arm auf den Hirten, da der Boden von vielen Vertiefungen zerfurcht war. Bei einer kurzen Rast auf einem Stein erzählte Levi: «Früher, als ich jung war, bin ich ein kecker und unsteter Bursche gewesen. Reiste durch viele Länder als Kameltreiber bis ins ferne Indien. Da meine Augen schwach und blind geworden sind, bin ich in meiner Vaterstadt Bethlehem geblieben und habe gelernt, in Demut vom Mitleid der Menschen zu leben. Viel Zeit hatte ich, um über Welt und Menschen nachzudenken und über die heiligen Bücher. Als du zu mir vom Gotteskinde gesprochen, hat mein Herz gejubelt und ich wusste gleich: ‹Dies wird der Messias sein, der zu unserm Trost gekommen ist.›» Nachdem Levi so gesprochen hatte, gewahrte Boas eine Frau, die aus der Richtung von Elis Stall kam. Sie hatte ihr Haupt gesenkt, ging langsam und versonnen, trug einen leeren Korb. Der Hirte erkannte die Frau des Schmiedes. Er hätte nicht gewagt, sie anzureden und in ihrem Sinnen zu stören, so seltsam mutete ihn ihr Erscheinen an. Immer näher kam sie. Auf einmal erblickte sie Boas beim Stein. Sie trat auf ihn zu, drückte ihm stumm die Hände und hielt den Blick gesenkt. Erst jetzt gewahrte der Hirte, dass sie weinte. Leise fragte er: «Frau des Schmiedes, warum weinest du?» – «O Boas, was für ein schlechter Mensch bin ich, und wie arg ist es mit der Welt bestellt, dass der Messias arm und einsam in einem Stalle geboren wird.» Boas antwortete: «Sein Licht ist heiliger als der Tempel zu Jerusalem; die ganze Erde ist sein Tempel. Da er in einer Krippe liegt, kann auch der Hirte, der Bettler zu ihm kommen. Tröste dich, Frau des Schmiedes! Sünder sind wir alle!»

Da gingen sie auseinander; die Frau gen Bethlehem, Hirt und Bettler zu der Höhle, davor der Stall gebaut war. Nahe dem Eingang kniete Levi nieder und flüsterte: «O Boas, was für eine stille, heilige Luft ist hier. Lass mich beten, bevor wir eintreten!» Und er küsste die Erde, darauf er kniete. Indes gab Boas ein Zeichen, woraufhin ein Mann aus dem Tor trat. Gleich kannten sich der Hirte und Joseph wieder. Sie redeten leise; denn Joseph deutete, dass Mutter und Kind schliefen. Dann traten die beiden Besucher zur Krippe. Levi ertastete den Krippenrand und beugte sich still darüber. Eine selige Freude erfüllte ihn. Vor seinen trüben Augen wogte es wie farbiger Nebel auf und ab, und plötzlich schimmerte das Antlitz eines schlafenden Kindes durch den Nebel, der mehr und mehr wich. Ein kleines Händchen ragte aus dem Stroh. Levi berührte es mit den Lippen. Als er das Haupt aufhob, die Hände immer noch am Krippenrand haltend, durchfuhr ein Zittern seinen Leib. Was war das? Im dämmernden Raume sah er etwas weiter hinten eine schlafende, zarte Frau. Konnte er denn wirklich sehen oder war er in einem Traum befangen? Er wendete sich um und war geblendet vom Licht, das durch die Türritzen hereindrang. Auch standen da zwei Männer, ein junger und ein älterer. Levi erhob sich, ging auf den jungen zu und umarmte ihn. Er flüsterte: «Boas, ich sehe! Der Engel des Kindes hat mir mein Augenlicht wieder geschenkt! Boas, Bruder! Nach so viel dunklen Jahren durfte ich als Erstes den Messias schauen und seine Eltern. O Gnade über Gnade!» Levi zog Boas zur Krippe hin, und da dankten sie in stummer Andacht, Hand in Hand.

Indes hatte Joseph auf einem Brett die geschenkten Datteln und Feigen aufgetischt und dazu einen Becher mit Wasser aus Levis Lederflasche. Da fanden sich die drei Männer zu einem stillen Mahl; denn mit Worten konnten sie die Heiligkeit der Stunde nicht ermessen. Als sich Boas auf den Weg begeben musste, sprach er vor dem Stalle zu Levi: «Willst du mit mir kommen und auch Hirte sein auf Bethlehems Feld? Die Herden mehren sich von Jahr zu Jahr. Wir können deine Hilfe wohl gebrauchen.» Freudig antwortete Levi: «Das will ich gerne! Nur eine Bitte habe ich, Boas: Hilf mir bei deinen Brüdern, dass ich Elis Herde weiden darf. Auf dass ich immer wieder hier zu diesem Stalle kommen kann und dessen gedenken, der mich sehend machte.

Und nie soll an dieser Stätte weder zu Mensch noch Tier ein Wort über meine Lippen gehen, das nicht aus der Liebe des Herzens kommt.»

Der alte Levi ist ein guter Hirte geworden zu Bethlehem, und immer wieder hat er seine Herde bei Sturm und Kälte in den Stall des Eli geführt. Und er liebte seine Schafe und hat oft mit ihnen geredet wie mit Menschen: von seiner Bettlerschaft, von seiner Blindheit, von seinem Gang zur Krippe und der Heiligkeit des Stalles auf geweihter Erde.

Die Könige

Die Könige finden das Kind

Da der Goldstern, der die Könige leitete, über der armen Hütte zu Bethlehem stille stand, erglänzte er im hellsten Scheine. Die Könige wunderten sich über die Ärmlichkeit des Ortes, hielten ihre Kamele an und stiegen ab. Auf ihr Pochen öffnete Joseph die Tür und geleitete sie hinein. Sie fanden das Innere vom Licht des Sternes erfüllt und gewahrten in seinem Glanz das göttliche Kind und die Mutter. Da ergriff große Freude die Könige, dass sie niederknieten und vor der Krippe die Erde küssten. Melchior nahm den goldenen Becher, berührte mit seinen Lippen die Hand des Kindes und sprach: «Aus diesem Becher haben bis jetzt nur Könige getrunken; nun darf er von deinem Glanze beschienen sein. Empfange das Gold!»

Darauf legte Balthasar das edle Gefäß mit Weihrauch vor der Krippe nieder und sprach: «Du göttlich' Kind! Hier bring ich dir Weihrauch, wie er im Opfer des alten Tempels auf dem Berge gebrannt hat und den Weg zum Himmel öffnete. Schließe uns einen neuen Weg auf; alle Völker warten darauf!»

Der dunkle Kaspar gab die Myrrhe hin mit den Worten: «Du Sternenkind! Nimm die Myrrhe von mir als Opfergabe an; denn ich bin gewiss: in deinem Zeichen wird die Quelle des Lebens von Neuem fließen.»

So völlig erschüttert waren die drei Könige, dass sie unverwandt auf der Erde knien blieben und ihre Seelen entrückt wurden. Da ist ihnen vieles offenbart worden von kommenden Geschehnissen, vom Leben und Sterben des Christus und seiner Auferstehung am dritten Tag. Darüber hörten sie kaum die Worte, mit welchen Maria für ihre Gaben dankte. Als sie sich nach einer Weile wieder erhoben, lag ein großer Ernst auf ihrem Angesicht. Sie nahmen Abschied von Mutter und Kind und verließen die Stätte. Ihnen war, das himmlische Licht des Sternes beginne in ihren Herzen zu leuchten. Sie fanden ihn nicht mehr draußen am Nachthimmel, da sie vor die Hütte in die Dunkelheit hinaustraten und ihre Kamele bestiegen.

Bevor der Tag anbrach, legten sie sich auf dem Wege nach Jerusalem bei einem Baum auf die Erde nieder, sich kurzen Schlaf zu gönnen. Die Stunde war noch zu früh, um bei Herodes vorzusprechen und ihm das gefundene Kind anzuzeigen. Kaum senkte sich ein leichter Schlaf über sie, hörten die drei eine Stimme, die sprach vernehmbar zu ihnen: «Kehrt nicht wieder ein bei König Herodes; er will dem Kinde Böses antun!» Es war die Stimme eines Engels, die sich also den Königen kundgab, und ein jeder hat sie bei sich selbst vernommen und erwachend den andern erzählt. Da erhoben sich die Könige, bestiegen ihre Kamele und ritten eilig an den Toren der Stadt vorüber.

Die folgenden Tage wartete Herodes vergeblich auf die Rückkehr der drei Weisen. Sie kamen nie mehr vor sein Angesicht. Da brütete er mit düsterem Sinnen, wie er das verheißene Kind finden und umbringen könne.

Der Engel weist nach Ägypten

Als die Könige sich wieder auf den Weg in ihre Heimat begeben hatten, erschien in der Nacht dem Joseph ein Engel. Er sprach: «Joseph, nimm auf Maria und das Kind! Verlass die Hütte, ihr müsst eilends fort und fliehen, an einen sicheren Ort ins ferne Land Ägypten. König Herodes will das Knäblein töten! Begebt euch auf den Weg, helft das Kind erretten! – Damit ihr sicher seid vor aller Gefahr, stehen Engel schon bereit, euch zu geleiten!»

Erschrocken stand Joseph auf und weckte die schlafende Maria. Er erzählte alles genau, wie es der Engel gesagt hatte. Draußen am Morgenhimmel leuchtete schon der Morgenstern. Fern im Osten dämmerte der Tag. Maria seufzte, als sie an die beschwerliche Reise dachte. Joseph nahm die Geschenke der Könige an sich, und die Mutter hüllte das Kind in ihren Mantel ein. Kaum hatten sie die Hütte verlassen, hörten sie Schritte. Ein Bauer ritt auf einem Esel daher, den wollte er an diesem Tag nach Jerusalem verkaufen gehen. Joseph hielt ihn an und sprach: «Guten Morgen, Bauer! Willst du mir deinen Esel verkaufen? Sieh, meine Frau geht mühsam zu Fuß.» Sprach der Bauer: «Ei, ei! Wenn du mir den Preis bezahlst, den ich zu Jerusalem auf dem Markt bekomme, dann will ich es wohl zufrieden sein.» Joseph öffnete seinen Reisesack, nahm aus dem Becher Melchiors von dem Golde und reichte es dem Bauern hin. Im Scheine des Morgensternes prüfte der Bauer die Gabe, nickte zufrieden und überließ Joseph den Esel. Er half Maria aufsteigen, und getrost traten sie die Reise an, da gleich zu Beginn das gute Tier ihnen zugekommen war. Munter trappte dieses mit kleinen Schritten dahin, als ob es sich freute, so edle Last zu tragen.

Der Kindermord zu Bethlehem

Tag um Tag erwartete König Herodes die Rückkehr der drei Männer, die ihm das Kind anzeigen sollten. Aber sie kamen nicht. Keine Ruhe mehr gab ihm der Schlaf. Zu dunklen Stunden der Nacht sah er mit halb verstörtem Sinn den verheißenen Knaben: Bald erschien er in den Straßen Jerusalems, bald trat er auf im Tempel, zeigte sich gar im Tore seines Palastes. Darob wurden Unruhe und Furcht des Königs immer größer. Als er endlich mit Gewissheit wusste, dass die drei Könige ihn gemieden hatten, um vor ihm den Knaben zu verbergen, sann er auf eine böse Tat: «Wenn ich jenes Kind treffen will, bevor es Unheil über mich bringt, muss ich alle Knaben in Bethlehem umbringen lassen.» Er ließ also eine Schar seiner rohesten Kriegsknechte vor sich kommen und übertrug ihnen den grausamen Befehl, alle Kinder unter zwei Jahren zu ermorden.

Am folgenden Tage hob in Bethlehem ein großes Wehgeschrei an, da die Krieger in die Häuser drangen. Sie erstachen die Knäblein in der Wiege, wo sie lächelnd schlummerten. Gar viele rissen sie der eigenen Mutter aus den Armen und töteten die Unschuldigen mit der Schärfe des Schwertes. Kein Haus war in Bethlehem, wo nicht unschuldig Blut vergossen ward. Als die Kriegsknechte die Stätte des Jammers verlassen hatten, verhüllten die Mütter zu Bethlehem in tiefer Trauer ihr Angesicht. Rahel hatte ihre beiden Knaben verloren. Drei Tage und Nächte berührte sie in ihrem Jammer weder Trank noch Speise; immer wieder war sie in Schmerzen hingebeugt über die Durchstochenen. Als sie in der dritten Nacht an den Rand des Todes kam, traten ihr auf einmal ihre beiden Knaben entgegen in der Gestalt kleiner Engel. «Klage nicht, Mutter», sprachen sie, «schau, mit wem wir wandeln dürfen!» Da öffnete sich vor Rahel ein Bild der Ferne. Sie sah auf einem Wüstenwege eine Mutter, die ein strahlendes Kind in ihren Armen trug. Auf einem Esel ritt sie, begleitet von einem Manne. Über den Wandernden schwebten ihre beiden Kinder schützend auf und nieder, und mit ihnen war eine große Schar. Einige schien Rahel von Angesicht zu kennen. Ja, es waren die Knaben von Bethlehem! – Die beiden Kinder traten wiederum zu ihrer Mutter und sprachen: «Siehe, Mutter, wir dürfen das Kind behüten, in welchem dereinst der Messias erscheinen wird. Wir bewahren es vor dem Unheil der Welt, das uns getroffen hat; wie sind wir glücklich, mit ihm zu sein!»

Indes entschwanden sie.

Mit welchem Trost erhob sich Rahel in der Frühe des dritten Tages. Sie hüllte die toten Kinder in weißes Linnen und brachte sie dahin, wo die verzweifelten Mütter die Grabstätten richteten. Als die unschuldigen Leiber der Erde gegeben waren, versammelte Rahel die Frauen um sich. Sie erzählte den Trauernden zum Trost, wie sie die Seelen ihrer Knaben erschaut hatte und was diese ihr kundgetan. Danach schmückten die Mütter die Grabhügel mit Blumen. Dort blühte fortan ein schöner Rosengarten in Bethlehem.

Auf der Flucht

Ziege und Schaf

An einem Abend, da die Heilige Familie auf der Flucht war, übernachtete sie in einem Stall, darinnen Schafe und Ziegen lagen. Am frühen Morgen, als Joseph und Maria hinter dem Stalle den Esel zur weiteren Reise bereiteten, schlich ein Herodesknecht auf die Stalltür zu. Noch lag das Knäblein drinnen am Boden auf einem Büschel Stroh. Da war ihm, es rufe eine Stimme ihm zu: «Verstecke dich!» Schnell kroch es zu den Ziegen und sagte: «Nehmt mich unter euer Fell!» Aber die Ziegen fraßen so eifrig an ihrem Futter, stellten die Schwänze und rührten kein Bein. Kroch das Knäblein zu den Schafen: «Lasst mich unter euch schlüpfen, deckt mich zu!» Da drängten die Schafe sich zusammen und nahmen das Kind unter ihren feinen Wollpelz. Nur das Füßchen sah ein wenig hervor; eines deckte geschwinde einen Schwanz darauf. Mit Gepolter kam der Knecht herein und suchte in allen Ecken. Er fand aber das Kind nicht und brummte: «Der Vogel ist ausgeflogen.» Krachend schlug er die Stalltür zu und machte sich davon.

Nun schlüpfte das Knäblein wieder hervor, streichelte die Schafe und hatte sie gern. Die Ziegen haben auch heute noch immer Hunger, fressen viel und bleiben doch mager. Man sagt ihnen nach, sie müssten den Schwanz immerzu aufrecht tragen, weil sie dem Kinde den Schutz versagt hätten.

Bachstelze und Kreuzspinne

Herodes hatte längst bemerkt, dass ihm das rechte Kind entgangen war. Deshalb schickte er seine Knechte immer wieder in die Lande, nach ihm zu forschen. Bis in die Wüste kamen sie. Der Schritt von Joseph und die Eselshufe hinterließen im Sand eine deutliche Wegspur. Die Herodesknechte stießen darauf, einer rief: «Schaut hier im Sande! Das ist die Spur eines Mannes, und neben ihm ging ein Esel. Dessen Hufe sind ganz tief eingedrückt; sicher sitzt die Mutter darauf mit dem Knaben, die können nicht mehr weit sein!» Die Krieger trieben ihre Pferde zu schnellem Laufe an. Da flog hinter Joseph und Maria eine Bachstelze zu Boden. Mit schnellem Schwanze wischte sie das Sandweglein zu, dass die Zeichen von Schritt und Tritt verschwanden. So verloren die Herodesknechte jede Richtung der Fliehenden. Und sie fluchten über den Wind, der die Spur verweht habe.

Gegen Abend entdeckte Joseph eine Höhle, die sich in einem Felsen der Wüste vor ihnen aufschloss. Sie begaben sich in das Innere, um hier die Nacht zu verbringen. Es war noch nicht finster. Kaum war die Familie eingetreten, als außen am Felsen eine Spinne aus einer Spalte krabbelte und über den Eingang der Höhle ein Netz zu weben begann. Auf und ab, kreuz und quer zog sie die Fäden. Als sie das zarte Werk vollendet hatte, setzte sie sich in die Mitte des Gewebes. Plötzlich ließ sich in der Nähe Pferdegetrappel vernehmen; grobe Tritte kamen auf die Höhle zu, und eine raue Stimme rief: «Dort im Felsenloch könnten sie versteckt sein. Ich will schauen gehn, wartet auf mich!» Mit diesen Worten zog der vorderste Herodesknecht ein langes Messer hervor und näherte sich der Höhle. Vor dem Eingang blieb er verwundert stehen und rief zurück: «Hier können sie nicht sein; ein Spinnennetz überspannt die ganze Öffnung, und kein einziger Faden ist gerissen. Da ist niemand drin!» Sowie die Knechte das hörten, zogen sie weiter.

Am Morgen trug Maria das Kind heraus. An einer Seite des Netzes rissen ein paar Fäden; aber die Spinne blieb ruhig sitzen. Als das Kind sie erblickte, streckte es die Hand aus und zeichnete auf ihren Rücken ein Kreuz.

Noch heute trägt die Kreuzspinne dieses Zeichen.

Und die Bachstelze? – Noch heute geht ihr Schwanz unermüdlich auf und ab, als wenn sie gerade das Sandweglein wegwischen wollte.

Der Haselstrauch

Der Sturmwind jagte am Himmel dunkle Wolken dahin. Regen und Blitz kamen näher, und Maria sah kein Haus, dessen Dach sie hätte beschirmen können. Es ließ sich auch kein Baum erblicken, nur ein hoher Haselbusch bog bei einem nahen Hügel die Blätterruten im Winde. Joseph führte den Esel eilends dahin. Maria hüllte den Mantel fester um ihr Kind und schlüpfte in den Haselbusch, der seine Zweige wie Arme öffnete.

Bald prasselte der Regen hernieder. Blitze fuhren in die Erde. Der Busch gab guten Schutz. Seine Zweige bogen über die Mutter ein Blätterdach.

Seither gilt der Haselstrauch als ein sicherer Ort für Wanderer im Sturm, und nie wird der Blitz einen Menschen treffen, der unter seinen Zweigen Schutz sucht.

Das arme Mädchen

In der Nähe eines Dorfes lag auf dem Felde ein großer Stein. Darauf stand jeden Morgen ein Krüglein Milch mit einem Stück Brot. Jeden Tag kam in der Frühe ein Mädchen aus dem Walde, trat zum Stein, ergriff Krüglein und Brot und verschwand wieder hinter den Bäumen.

Warum ging es so traurig zurück in den Wald?

Vor einiger Zeit wohnte es noch im Dorfe bei Vater und Mutter; aber eine böse Krankheit hatte seine Haut mit Aussatz bedeckt. Da murrten die Leute: «Das Kind soll fort in den Wald; es kann nicht unter uns bleiben, sonst werden auch wir von der bösen Krankheit befallen.» So musste das arme Mädchen von zu Hause weg. Nun hauste es zwischen Büschen in einem hohlen Baumstamm, und jeden Morgen stellte ihm sein Vater das Milchkrüglein hin. Zum trockenen Brot suchte es sich Beeren im Wald.

Zu diesem Dorf kamen Joseph und Maria mit dem Jesuskinde. Das hatte Durst; aber Maria konnte ihm nicht zu trinken geben und sprach, sie würden bald im nächsten Dorfe sein. Da begegnete ihnen das arme Mädchen, als es eben sorgsam sein Krüglein trug. Es hatte die Bitte des Jesuskindes vernommen, streckte ihm den Krug entgegen und sprach leise: «Hier, nehmt von der Milch!» Maria ließ den Knaben trinken. Sie streichelte dem Mädchen dankend über das Haar, schenkte ihm einige Datteln und ritt auf dem Esel weiter.

Als das Mädchen zu seiner Baumhöhle kam und auch trinken wollte, sah es mit Verwunderung, dass das Krüglein wieder voll war. Es aß von den Datteln und trank von der Milch. Die schmeckte süß wie noch nie. Kaum hatte es getrunken, fielen ihm von Gesicht und Hand die Schwären ab. Es sprang zum Bächlein und sah mit Staunen sein helles Gesicht, ohne Wunden, ohne Flecken. Flink ergriff es den Krug und rannte wie ein Reh ins Dorf. «Mutter, Vater!», rief es, «ich bin gesund, ich bin gesund!» Die Eltern schlossen ihr Kind mit großer Freude ans Herz. Alsbald liefen aus der Nachbarschaft die Leute zusammen, berührten mit Fingern seine reine, zarte Haut. Immer wieder musste es das Wunder erzählen, das Krüglein zeigen.

Da sprach ein alter Mann, nachdem er alles betrachtet hatte: «Ich merke wohl, eine neue Zeit will unter die Menschen kommen!»

Warum der Knecht geschrien hat

Ein andermal führte der Weg durch einen Wald. Plötzlich hörten die Wandernden hinter sich ein Gewirr von Stimmen. Maria eilte geschwind zu einem Busch und legte das Kind ins Blätterversteck. Sie selbst begab sich ein Stück beiseite und begann Holz in ihren Mantel zu sammeln, als ob sie eine arme Frau aus dem nahen Dorf wäre. Joseph belud zwischen den Bäumen den Esel mit dürren Ästen. Wirklich, es waren die Kriegsknechte des Herodes, die des Weges kamen. Maria konnte einen Blick in ihre wilden Gesichter tun. Da erschrak sie so sehr, dass sie am ganzen Leibe zitterte. Aber das Herz stockte ihr, als einer der Knechte stehen blieb, mit misstrauischem Blick zu ihr hinüberschielte und plötzlich zum grünen Busche trat, worin das Kind verborgen lag. Er streckte die nackten Arme in die Blätter, um sie auseinanderzuzerren, stieß aber sogleich einen lauten Schrei aus und eilte fluchend den vorangegangenen Gesellen nach. Als er verschwunden war, begab sich Maria zum Busch. Jetzt gewahrte sie die Ursache des Schreies: Alle Blätter des Busches hatten scharfe, spitzige Stacheln bekommen, der Knecht hatte sich daran tüchtig gestochen. Mit einem Stab schob Joseph sorgfältig die Äste beiseite, derweil Maria das Kind ohne Schaden befreien konnte.

Die *Stechpalme* darf seit dieser Zeit Sommer und Winter durch grüne Blätter tragen. Ihre feuerroten Beeren zeigen das Andenken an die Blutstropfen, die der Herodesknecht unter ihren Stichen vergossen hat.

Drache und wilde Tiere

Und wiederum kam die Familie des Abends zu einer Höhle. Hier wollten sie schlafen zur Nacht. Das Kind, im Mantel eingehüllt, war unterwegs eingeschlafen. Sachte stieg Maria vom Esel, um es nicht zu wecken. Als sie müde in die Grotte schritt, hörte sie tief innen im Dunkeln etwas fauchen und zischen. Plötzlich sprühten Feuerfunken auf, und ein grässlicher Drachenwurm kroch heran. Vor Schreck entglitt das Kind Maria auf den Boden. Es erwachte und sah mit Erstaunen, wie vor ihm der Drache den gezähnten Rachen aufriss. Sogleich erhob es sich und tat ohne Furcht einige Schritte dem drohenden Tier entgegen. Vor ihm her strahlte ein Licht, das war stärker als die Drachenglut. Heulend schloss sich der grimmige Rachen; die Krallen schlugen übereinander, als wenn das Tier anbeten wollte.

Maria war in großer Sorge, der Knabe könnte Schaden nehmen. Er aber kehrte sich um und sprach: «Mutter, fürchte dich nicht; vor mir werden die wilden Tiere zahm.» – Und richtig, auf ein Zeichen fuhr der Drache zur Höhle hinaus und ward nicht mehr gesehen.

Als sie am Morgen weiterreisten, verirrten sie sich

in einem Wald. Plötzlich sprang ein Löwe aus den Büschen und zeigte ihnen den Weg. Er wedelte mit dem Schwanz und war ganz zahm, als das Kind ihn streichelte. Aber auch Schafe und Vögel, selbst Füchse und Wölfe begleiteten oft die Heilige Familie ein Stück des Weges, und kein Tier tat dem andern ein Leid an, solange es in diesem Zuge mitwanderte. Es war, als ob der Friede des Paradieses mit ihnen wandeln würde.

Die Bienen im Löwenkopf

Am Wege nach Ägypten hatten vor Zeiten Reisende einen Löwen getötet. Noch lagen bei jener Stelle die verwitterten Knochen herum und der mächtige Schädel. In dessen Höhlung hatte ein Bienenschwarm Wohnung genommen. Nun summten die Bienen munter aus und ein.

An diesem Ort stieg Maria mit dem Kinde von dem Esel und setzte sich auf einen Stein. Gar müde und hungrig war sie. Da flog ein Bienchen zum Löwenmaul heraus und brachte einen Tropfen Honig auf Mariens

Hand. Ein anderes kam und immer mehr. Es summte wie in einem blühenden Lindenbaum. Die guten Bienen gaben den Honig bald der Mutter, bald dem Kinde. Die edle Speise mundete ihnen gar sehr. Maria konnte mit dem herbeigetragenen Honig sogar ein Töpflein füllen, das sie am Gürtel trug. Neu gestärkt setzten sie die Reise fort.

In den nächsten Tagen wuchs bei dem Stein, wo Maria den Honig bekommen hatte, eine neue Blume hervor von seltsamer Gestalt. Sie glich in der Form einem Löwenmaul. Davon können die Bienen noch heute Honig holen.

Wie heißt wohl diese Blume?

Es ist das *Löwenmäulchen!*

Im Palmenwald

Die Heilige Familie ruhte über Nacht in einem Palmenwäldchen. Den Esel hatte Joseph nicht angebunden, da er immer treu ihnen zur Seite lag. Gegen Morgen, als es dämmerte, erhob sich der Esel, um in

Wäldchen einige Disteln zum Fressen zu suchen. Er kam immer weiter von den Schlafenden weg. Nun streifte zu dieser Stunde ein hungriger Löwe beim Palmenwald herum. Der hob plötzlich den Kopf und schnupperte. Er roch Eselsfleisch, und mit schleichenden Schritten ging er dem Geruch entgegen, bis er den Esel erblickte, der friedlich an einer Distel fraß. Nun hat der Esel lange Ohren und hört gut. Auf einmal zuckte er zusammen und trabte davon. Doch der Löwe setzte ihm in langen Sprüngen nach. Natürlich ging der Esel geradewegs zu der Heiligen Familie zurück und brachte auch den Löwen mit. Nur noch wenige Sprünge, und der Löwe hätte den Esel gepackt. Da warf sich dieser zitternd bei einer Palme nieder und schrie. Erstaunt blieb der Löwe stehen: Da waren ja noch andere Wesen! Als der Löwe so stocksteif dastand und verwundert aus feurigen Augen hervorguckte, trippelte das Jesuskind auf ihn zu, packte ihn am Ohr und streichelte das Löwenfell. Da ließ sich der große Löwe zahm und freundlich zu seinen Füßen nieder, und er wich nicht, bis die Heilige Familie weiterreiste. Ein Stück Weges lief er hinterher; dann eilte er zurück in den Palmenwald.

Von da an blieb der Esel noch braver an Seite der Familie, wenn sie rastete; denn vor Löwen hat auch ein Esel mit Recht großen Respekt.

Die Schildkrötenbrücke

Einst war Joseph mit dem Esel von Maria weggegangen, um etwas Speise zu kaufen in einem nahen Dorf. Er dachte, es sei besser, Maria bleibe mit dem Kinde im Versteck nahe bei einem Sumpf, um vor den Kriegsknechten in Sicherheit zu sein. Aber die Verfolger hatten die Spur von Marias Schuh entdeckt und nahten dem Sumpf. Schon hörte Maria, wie sie sich zuriefen und einander Zeichen gaben. Zurück konnte sie nicht. Blieb nur noch der Weg durch den Sumpf. An vielen Stellen versuchte sie hinüberzufliehen, aber überall sanken ihre Füße ein. Als sie so verzagt vor sich hinblickte, krabbelten von allen Seiten Schildkröten herbei, die ja gerne in Sümpfen leben. Eine reihte sich an die andere, sodass es über den Schlamm hinweg eine Brücke gab. Auf ihren Rückendeckeln schritt Maria durch den Sumpf und gelangte glücklich wieder auf festen Boden.

Als die Herodesknechte zum Sumpf kamen, sahen sie, wie Maria drüben gerade auf das Trockene stieg. Doch die Schildkröten hatten sich verkrochen; keine Brücke war mehr da. Da versuchten sie, mit den Stiefeln hindurchzutreten. Aber sie blieben bis über die Knie im Schlamm stecken und konnten nur nach langer Mühe wieder rückwärts hinauswaten, am ganzen Leibe verschmiert. Einer hatte im Schlamm beide Stiefel verloren und kam barfuß heraus. Sie schimpften und fluchten und putzten sich mit Grasbüscheln. Dann schlugen sie einen anderen Weg ein.

Bei einer Palme fanden sich Maria und Joseph wieder. In ihren Herzen segneten sie die Schildkröten, die aus dieser Not geholfen, und sie dankten dem Schutzengel, der sie so treu behütet und wieder zusammengeführt hatte.

Der Sauerteig

Als einmal die Mörderknechte des Herodes wiederum Maria hart verfolgten, kam sie zu einem Haus, dessen Tür offen stand. Eine Frau knetete drinnen am Backtrog den Teig für das Brot. «O liebe Frau!», rief Maria voll Angst, «helft mir das Kind verstecken. Schaut dort hinten auf der Straße, wo der Staub aufwirbelt, kommen Mörder; die wollen es töten.» Fragte die Frau: «Soll ich's unter die Bettdecke legen?» – «O nein, da stoßen sie durch mit dem Schwert.» – «Soll ich es in den Schrank hineintun?» – «O nein, den reißen sie auf!» – «So gebt her! Ich lege es in den Backtrog und breite Teig darüber.» Maria nickte, und das Kind ließ es geschehen, dass die Backfrau den Teig über es breitete. Kaum waren Hand und Fuß verschwunden, polterte es heftig an die Tür; krachend flog sie auf. Finster schauten die Bartgesichter umher, rollten die Augen und schrien: «Ist hier das Kind? Gebt es heraus!» Die Backfrau stellte sich mutig vor die rohen Gesellen hin und sprach: «Seit wann soll ich noch Kinder haben? Meine sind längst erwachsen und in die Welt gezogen. Sucht selbst, wenn ihr Kinder wollt!»

Nun suchten die Mörderknechte unter Tisch und Bänken, stachen das blanke Schwert durch das Bett, rissen die Schränke auf, dass Geschirr und Geräte klapperten, aber sie fanden nirgends ein Kind.

Derweil knetete Maria die ganze Zeit am Teig herum, als wenn sie Magd im Hause wäre. Als die Mörder nichts fanden, zerschlugen sie den großen Wasserkrug, der beim Troge stand, und stampften fluchend zur Tür hinaus.

«O Wunder!», rief die Backfrau, als sie wieder an den Trog trat. «Wie mächtig ist der Teig gewachsen, schon fließt er über den Rand!» Sie nahm den Knaben heraus und legte ihn in Mariens Arm. Dann griff sie in den Teig und formte Brot um Brot. Maria sprach zu ihr: «Behaltet einen Rest von diesem Teig fürs nächste Mal, so wird der neue Teig auch wachsen.»

Mit diesen Worten verließ sie das Haus.

Weit weg war Maria schon, und die Frau formte immer noch Brot um Brot. Der Teig wollte kein Ende nehmen. Es gab so viele Brote, dass das ganze Dorf davon essen konnte. Aber das letzte Restchen Teig legte die Frau weg für den nächsten Brottag.

Als sie die Woche darauf wieder an der Mulde knetete, vergaß sie nicht, das alte Kügelchen Teig hineinzuschaffen. Es war zwar sauer geworden; aber siehe, der Teig wuchs wieder bis an den Rand hinauf. Viele Leute kamen herbei und erbaten von dem Wunderteig, dass auch ihr Brot sich mehre. Auch bei ihnen geschah es also.

Noch heute ist es Bäckerbrauch, ein wenig vom alten Teig in den neuen zu kneten, und noch heute geht davon das Brot auf.

Das Räuberkind

Maria kam zu einem Haus und wusste nicht, dass es ein Räuberhaus war. Das Jesuskind lag schwer in ihren Armen, vor Durst und Hitze war sie matt. «Kindlein, wir gehn in dieses Haus; gewiss finde ich hier kühles Wasser, dich zu baden.» Sie stieg die Treppe hinauf und klopfte an die Tür. Die Frau des Räubers war zu Hause und schaute mit einem Auge durch den Türspalt. Schon wollte sie wieder schließen, als Maria bat: «Gute Frau, lasst mich ein wenig in eurem Hause ruhn, ich vermag mein Kind nicht weiter zu tragen.» Die feine Stimme tat der Räuberfrau eigentlich wohl, denn ihr Mann brüllte immer mit ihr wie ein Wolf. «Meinetwegen könnt ihr eintreten; aber wenn mein Mann heimkäme, das ginge bös zu, der würde gewiss euer Kind fressen.»

Maria lächelte und trat ein.

Es hatte aber die Räuberfrau auch ein Kind. Das lag in der Wiege und war blind. Auf seinem Gesicht saßen viele Fliegen, die Haut war von einer Krankheit eitrig und wund. Bis jetzt hatte dem Kinde niemand helfen können; das machte den Räuber so wild.

Maria bat die Frau um einen Zuber mit Wasser, damit sie ihrem Knaben den Staub der Straße abwaschen

könne. Alles trug diese ihr willig herbei und freute sich, mit anzusehen, wie die Mutter nach dem Bade das saubere Kind mit ihrem Haar trocknete. Maria sprach zu ihr: «Badet euer Kind auch in diesem Wasser; das tut ihm gut.» Kaum war das Räuberkind hineingetaucht, schlossen sich seine Wunden. Die Haut wurde rein und – o Wunder! – die Augensterne leuchteten. Es lächelte Maria an, als sie es mit ihrem Haar trocknete. Seine Mutter traute ihren Augen kaum. Als sie aber das Wunder richtig erfasst hatte, weinte sie vor Freude und küsste unter Tränen ihr gesundes Kind.

Indes sie sich freuten, polterte es auf der Treppe, dass Tür und Fenster zitterten. Der Räuber kam nach Hause. Die Frau fürchtete für Maria mit dem Kinde, weil sie den Zorn ihres Mannes kannte, und versteckte sie schnell in der Nebenstube. Jetzt krachte die Tür auf; der Räuber brüllte: «Wer ist im Haus? Ein fremdes Haar liegt auf der Treppe!» Als seine Augen suchend herumrollten, streckte ihm seine Frau das gesunde Kind entgegen. Das nahm den Vater am schwarzen Bart, zupfte hin und her und lächelte ihn an. Der Räubervater blieb wie angewurzelt stehen. Seine Augen blickten unverwandt auf sein Kind, und langsam sprach er: «Wer macht meinem Kind die Haut so rein? Wer macht meinem Kind die Augen klar?»

Da trat Maria mit ihrem Knaben zur Nebentür herein und nickte grüßend dem Vater zu. Der wurde sanft und still, setzte sich nieder auf einen Stuhl und wiegte sein fröhliches Kind auf den Knien.

Maria schritt über die Schwelle und nickte noch einmal zurück. Als das Jesuskind dem Vater zuwinkte, war ihm, als erwache er aus einem bösen Traum. Er küsste sein Kind auf Stirn und Augen und hat von diesem Tage an in rechter Arbeit sein Leben verbracht.

Der Kornacker

Die Kriegsknechte von König Herodes begegneten auf der Straße einem Wanderer und fragten ihn: «Hast du einen Esel gesehen, der eine Frau trägt? Ein älterer Mann begleitet sie.» Sagte der Wanderer: «So etwas ist mir begegnet; die Frau hielt ein Kind im Arme.» Die Mörderknechte blitzten einander mit den Augen zu und sprachen: «Jetzt ergreifen wir sie!», und schnellen Laufes schritten sie die staubige Straße entlang.

Nicht weit vor den dahineilenden Knechten trafen

Maria und Joseph einen Bauern, der neben dem Wege sein Korn in den Acker säte. Da es der Mutter bang im Herzen war, sprach sie zum Sämann: «Lass uns über deinen Acker gehn. Wir sind auf der Flucht vor Kriegsknechten und haben doch niemand ein Leid getan. Bald werden sie zu dir kommen und fragen, ob du uns gesehen hast. Dann sprich zu ihnen: ‹Ja, als ich das Korn in diesen Acker säte, sind solche Leute vorbeigezogen.›» Dem Bauern kam diese Bitte sonderbar vor. Als er aber den Kummer der Frau gewahrte, antwortete er: «Reitet hindurch. Es soll geschehen, wie ihr sagt.» Also führte Joseph den Esel über die besäten Schollen. Als der Bauer ihnen nachblickte, schaute er ein großes Wunder: Hinter den Reisenden wurde das Ackerfeld lebendig. Aus der Erde sprossen grüne Spitzen hervor, die höher und höher wuchsen. Es entfalteten sich Kornähren aus den Halmen, die bewegten sich sanft im Winde. Schon begannen sie gelblich, dann goldiger zu werden, als hinter dem Bauern eine harte Stimme rief: «Ist hier ein Esel mit einer Frau vorbeigeritten, die ein Kind in den Armen hielt? Sag uns die Wahrheit, sonst schlagen wir dich zu Boden!» Der Bauer kehrte sich gemächlich um und antwortete. «Ich will euch die lautere Wahrheit berichten. Schaut hier das Kornfeld, meinen Acker; zu der Zeit, als ich den Samen ausgesät habe, sind solche Leute vorbeigezogen. Und wie ihr sagt, die Frau hat ein Kind in den Armen getragen.» Jetzt machten die Knechte lange Gesichter. «Verfluchtes Korn!», rief einer, «das muss ja schon lange her sein, da es jetzt so hoch und gelb ist. Gescheiter ist, wir kehren zurück. Der Teufel mag sie suchen!» Der Krieger wischte mit der Faust über sein grobes Maul und machte sich mit seinen Gesellen auf den Rückweg.

Es war dies das letzte Mal, dass die Knechte dem Kinde gefolgt waren.

Die Wüstenräuber

Am Wege nach Ägypten gab es eine Gegend, von der hieß es, hier würden Reisende öfters von Räubern überfallen. Joseph sprach daher zu Maria, als sie dorthin kamen: «Die Sonne ist untergegangen, bald wird es dunkel sein. Lass uns gleichwohl eine Strecke weitergehen. Wenn es finster ist, lese ich aus den Sternen die Richtung unseres Weges. In der Nacht werden uns die Räuber nicht bemerken.»

Es schlief aber eine Schar Wüstenräuber in der Nähe des Weges. Zwei von ihnen, Titus und Dumachus, lagen hart am Wegrand. Sie mussten in der Nacht den Weg bewachen, dass ihnen kein Reisender entgehe. Als der Esel herbeitrottete, sprangen sie auf, zückten die Schwerter und versperrten den Weg. Dumachus packte Joseph beim Arm. Titus fasste den Esel. Zu Tode erschrak Maria. Als die Schwerter blitzten, meinte sie, jetzt hätten die Herodesknechte sie doch ergriffen. Sie verbarg das Jesuskind tief im Mantel und beugte schützend den Arm. Seltsam ward es Titus, als er im Sternenscheine die arme Frau zittern sah. Er kehrte sich zu seinem Gefährten um und sprach: «Dumachus, wir lassen die beiden weitergehen. Es sind nur arme Leute, da ist nichts zu holen.» Dumachus wollte aber nicht leer ausgehen und sagte: «Was versteckt die Frau in ihrem Mantel? Schau nach, sie hat das Geld!» Als Maria merkte, dass die beiden Männer keine Kriegsknechte waren, öffnete sie den Mantel und zeigte das schlafende Kind. Silbernes Mondlicht glänzte über sein Gesichtchen. Titus freute sich an dem kleinen Knäblein und sprach zu Dumachus: «Hier, nimm meinen Beutel, es sind dreißig Silberstücke darin. Aber sage unsern Gesellen nichts von diesen Leuten und lass sie in Frieden weiterziehen.» Dumachus lachte über die Dummheit von

Titus, packte den Beutel, zählte sogleich die Münzen nach und nickte. Vom Klingen des Silbers erwachte der Knabe und blickte auf die Männer. Kaum hatte Maria dem Titus gedankt, richtete sich das Kind in ihrem Schoße auf und sprach: «O Mutter, wenn mehr als dreißig Jahre vergangen sind, werde ich nach Jerusalem kommen; dann wird Titus zu meiner Rechten, Dumachus zu meiner Linken sein.»

Maria verwunderte sich über die seltsamen Worte, die der Knabe gesprochen, dass er dereinst zu Jerusalem zwischen einem Räuber und Mörder sein werde; aber sie behielt die Verheißung in ihrem Herzen.

Der Palmenbaum

Die Flüchtigen waren schon viele Tage unterwegs und kamen in ein trockenes, ödes Gelände. Bäume und Sträucher wuchsen hier keine mehr, und das spärliche Gras war im sengenden Strahl der Sonne verdorrt. Alsbald breitete sich die Wüste vor den Reisenden aus, ein endloses Meer von Sand. Da wehte kein kühler

Wind aus dem Schatten der Bäume, und der Sonnenstrahl verwandelte sich auf dem toten Boden in stechende Hitze. Maria vermochte sich auf dem Esel kaum mehr zu halten, und dem schreitenden Joseph tropfte der Schweiß zur Erde. Der Esel ließ die Ohren hängen und trottete mit gesenktem Kopfe. Im Schatten von Marias Manteltuch lag das Kind und schlummerte. Die Mutter fächelte von Zeit zu Zeit einen Lufthauch über sein Angesicht. Die Reisenden litten großen Durst. Wohl hatte Joseph dem Esel einen Schlauch mit Wasser umgebunden, aber auf dem heißen Wege war nach wenig Tagen kein Tropfen mehr darin. Darüber war er in großer Sorge, zumal die Wüste kein Ende zu nehmen schien.

Auf einmal warf der Esel den Kopf in die Höhe und schüttelte die Ohren. Als Maria vorausschaute, gewahrte sie in der Ferne einen Palmenbaum, der bei einem Sandhügel stand. Der Esel beeilte sich, zum schattigen Baume zu kommen, sodass Joseph eine gute Strecke zurückblieb. Bald ruhte Maria im Schatten der Palme. Oben in den Blättern hingen die schönsten Datteln. «Ach», sagte sie zu Joseph, «hätten wir doch einige von diesen Früchten.» Sprach Joseph: «Du siehst, der Baum ist gar hoch, ich kann keine herunterholen.» – «So reich mir einen kleinen Trunk Wasser, der Durst quält gar sehr.» Bekümmert

antwortete Joseph: «Bei der vorigen Rast war es der letzte Tropfen, den wir getrunken haben.»

Wie sie also miteinander redeten, kam aus Mariens Mantel die Hand des Kindes hervor. Die Fingerchen winkten hinauf zur Palme, und der Knabe rief mit feiner Stimme: «Komm, neige dich herunter!» Da beugte sich der hohe Stamm langsam der Erde zu, die Datteln reichten bis in Mariens Hand. Sie pflückte die süßen Früchte mit großer Freude, und Joseph füllte davon ein Säcklein für die weitere Reise. Indes sie von den Früchten aßen, plagte sie doch der Durst gar sehr. Nun hatte am Fuße dieser Palme ein heftiger Wind den Sand verweht, sodass eine Wurzel armdick aus dem Boden ragte. Zum zweiten Male kam jetzt das Händchen aus dem Mantel und winkte der Wurzel: «Gib Wasser!» Da tröpfelte es aus ihr wie ein Brünnlein. Herrlich war der frische Trunk. Joseph konnte den Schlauch wieder zufüllen, und das Wasser hörte nicht auf zu fließen. Maria grub mit der Hand im Sande ein Seelein. Darin badete sie das Kind, dessen Wangen grauer Wüstenstaub bedeckte. Als es im Palmenwasser plätscherte, wurden sie wieder rosenfrisch.

Nun drängte auch der Esel herbei und trank, und die Ohren wackelten ihm, und sein Schwanz schlug fröhliche Schwünge.

In Ägypten

Apfelbaum und Birnbaum

Als sie zum ersten Garten in Ägyptenland kamen, hatte Maria keine Kraft mehr, sich aufrecht zu halten. Joseph half ihr, vom Esel herunterzusteigen. Am Wegrand sank sie nieder, schloss die müden Augen und ruhte. Als sie nach einer Weile den Blick zum Himmel erhob, sah sie über sich in einem Baum die schönsten Birnen hängen. Ein Mann trat eben aus dem Garten, und Maria bat ihn um eine Frucht. Der war aber ein geiziger Mensch und sprach gehässig: «Das sind nicht Birnen, das sind Steine. Packt euch fort von meiner Gartenmauer, elendes Bettelpack!»

Joseph setzte sich darauf mit Maria auf die andere Seite des Weges in den Schatten eines Apfelbaumes. Der Mann des Apfelbaumgartens hatte die scharfen Worte gehört. Er schaute über seine Gartenmauer und sprach: «Was sehe ich? – O du arme Frau, du kleines Kind, wie seid ihr so durstig und erschöpft. Wartet, gleich bringe ich euch eine saftige Frucht.» Er griff in seinen Baum und brachte beide Hände voll herrlicher roter Äpfel herbei. Mutter, Kind und Joseph erfrischten sich daran, und bald vergingen Hunger und Durst. Als sie eine Weile im Schatten geruht hatten unter dem Apfelbaum, setzten sie ihre Reise fort, tiefer hinein ins Ägyptenland.

Einige Tage später wollte der Birnbaum-Mann seine Birnen pflücken. Sowie er eine in die Hand nahm, merkte er, sie war hart wie Stein. Er riss eine zweite, eine dritte vom Ast: Der ganze Baum war mit versteinerten Birnen behangen. Jetzt kam ihm in den Sinn, dass er der fremden Frau gesagt hatte, das seien Steine.

Von diesem Tag an trug der Birnbaum nie wieder eine Frucht. Im nächsten Jahr ging der Mann voll Zorn daran, ihn umzuhauen, da er im Frühling nicht einmal zu grünen kam. Er wollte wenigstens das Holz nutzen. Als er mit der Axt in den Stamm schlug, glitt das Eisen ab und traf ihn in den Fuß. Auch das Holz war nämlich durch und durch versteinert, von der Wurzel bis hinauf in den kleinsten Ast.

Aber der Apfelbaum auf der anderen Seite des Weges füllte Jahr für Jahr die größten Körbe. Kein Apfel war je angefault, in keinem nagte der Wurm. Und er hat weitergeblüht und gefruchtet, und als jener gute Mann schon längst gestorben war, hat er von der ganzen Gegend immer wieder die schönsten Äpfel gebracht.

Im Tempel der Ägypter

In der Ferne erschien die erste Stadt Ägyptens: Hermesstadt geheißen. Darin standen viele steinerne Tempel. In dem größten waren dreihundertfünfundsechzig Götterbilder aufgestellt, für alle Tage im Jahr eines.

Der oberste Priester opferte jeden Tag vor einem anderen Bild. Ging ein Jahr zu Ende, kam er wieder an den Anfang des Götterkreises.

Als Maria zur ägyptischen Stadt einritt, fuhr ein mächtiges Gewitter über Land. Sie kannten dort keinen Menschen, der sie aufgenommen hätte. So führte Joseph den Esel zum Tempel der vielen Götter, dass Mutter und Kind Schutz fänden vor Regen und Wind.

Maria erstieg die Stufen des heiligen Tempels. Als sie mit dem Knaben in den Kreis der Götterbilder trat, erbebte der weite Raum. Ein Blitzstrahl ließ die mächtigen Mauern erzittern bis auf den Grund. Mit großem Getöse stürzten jetzt die Zeichen und Steinbilder von Wänden und Sockeln herunter und zerschellten. Zerbrochen lagen sie auf dem Tempelboden. Viele steinerne Gesichter kehrten sich abwärts zur Erde. Vor dem furchtbaren Getöse flohen die Priester hinaus auf den Vorplatz. Sogleich überbrachten sie dem Herzog dieser Stadt, Aphrodosius, die unheilvolle Kunde. Dieser rief seine Krieger zusammen und zog mit der gewappneten Schar dem Tempel zu. Als die Oberpriester ihn heranziehen sahen, sprachen sie: «Er wird die Übeltäter strafen und die Götter versöhnen. Es müssen böse Zauberer in den Tempel eingedrungen sein.»

Mit gezücktem Schwert schritt Aphrodosius die Stufen empor, gefolgt von seinen Kriegern. Als er in den gestürzten Götterring trat und gewahrte, wie alle Bilder auf ihren Gesichtern lagen, erschrak er in tiefster Seele. Und was sollte das bedeuten? Mitten in den Trümmern saß eine Frau auf zerschlagenem Steine und hielt ein leuchtendes Kind auf ihrem Schoß! Aphrodosius ließ das erhobene Schwert langsam sinken, beugte das Knie und betete. Und um ihn herum, bei den gebrochenen Sockeln der Götter, knieten seine Krieger nieder, stützten die Arme auf ihre Schwerter und beugten das Haupt. Nach einer Weile erhob sich Aphrodosius, wendete sich zu ihnen und sprach mit klaren Worten: «Dies himmlische Kind ist größer und mächtiger als unsere Götter, sonst wären sie nimmermehr herabgestürzt und lägen auf ihrem Angesicht. Wenn wir dies Kind nicht also verehren wie unsere Götter, kommt ein großes Unglück über die Stadt und ganz Ägyptenland.»

Und wiederum neigte sich Aphrodosius mit der Kriegerschar.

Der wilde Knabe

In einer andern Stadt Ägyptens stand in einem Tempel ein großes Götterbild, vor welchem der oberste Priester täglich ein Opfer darbrachte. Dieser hatte einen Sohn, dem böse Geister den Sinn verwirrten. Oft schüttelte es den Knaben am ganzen Leibe; dann zerriss er seine Kleider und lief wild schreiend in der Stadt umher. Nach den Leuten, die ihm begegneten, warf er mit Steinen und ließ sich nicht fangen. Joseph und Maria kamen in diese Stadt. Bei einer alten Herberge kehrten sie ein. Zu dieser Stunde fing im Tempel das Götterbild zu reden an: «Meine Zeit geht zu Ende. Ein Kind ist in der Stadt, das wird das große Himmelslicht zur Erde bringen.» Nach diesen Worten stürzte das Götterbild in sich zusammen, und das Opferfeuer erlosch unter den Trümmern.

Über dieses Geschehnis erschraken die Priester, und viele Leute der Stadt liefen beim Tempel zusammen, als sie davon vernommen hatten. Zu dieser Stunde irrte der Sohn des obersten Priesters schreiend durch die Straßen. Er kam zur alten Herberge. Dort hatte Maria eben eine Windel gewaschen und sie zum Trocknen über einen Balken gebreitet. Der wilde Knabe stürmte heran, ergriff das weiße Linnen und legte es über seinen Kopf. Da fuhren die bösen Geister wie huschende Tiere von ihm. Der Knabe schloss die Augen und ward stille. Nach einer Weile ging er hin, kniete vor dem Jesusknaben nieder, senkte sein Gesicht zur Erde und rührte sich nicht, lange Zeit. Mit einem Mal richtete er sich auf, eilte hinweg und suchte seinen Vater. Er fand ihn im Tempel vor dem zerbrochenen Gotte, das Haupt in die Arme gestützt. «Vater», sprach er leise, «ich habe den Stern eines neuen Gottes gesehn.» Der Priester schaute auf sein Kind, und ihm schien, dass es nicht wie früher aus wilden Augen blicke. «Was ist an dir geschehen, mein Sohn?» Antwortete dieser: «O Vater! Es trieb mich hin durch die Stadt; da fand ich eine Frau mit dem Kinde. Eine reine Windel lag ausgebreitet auf dem Gebälk. Da sie so hell leuchtete, riss ich sie herab, legte sie über meinen Kopf, und alles Üble ist von mir gewichen. Dann habe ich im Kinde einen Stern erschaut ...»

Als der Vater das Wunder vernommen hatte, schloss er den Knaben freudig in seine Arme und sprach: «Das Steinbild ist gestürzt; ein neuer Stern beginnt zu leuchten. Es ändert sich die Zeit! – Und dich, meinen Sohn, habe ich wiedergefunden!»

In den Armen der Sphinx

Maria und Joseph betrachteten mit ihrem Kinde das Wunderwerk eines ägyptischen Tempels. Viel Volk wandelte durch die Säulenhallen, denn es war hoher Festtag. So geschah es, dass der kleine Knabe von der Hand des Vaters ließ und im Gedränge die Eltern verlor. Endlich kam er etwas aus der Volksmenge heraus, und da befand er sich tief im Tempelinnern. Unbemerkt schlüpfte er am Wächter vorüber, der streng den Eingang zum Allerheiligsten bewachte, damit kein Unberufener es betrete. Der kleine Jesus stieg die Stufen hinab. Er kam in eine dunkle Kammer, darin ein Altar stand. Die Flamme eines Öllichtes flackerte darauf. Hinter dem Altar war das Standbild einer steinernen Sphinx aufgestellt. Zwischen ihren Vorderarmen befand sich ein Sitz für den Oberpriester des Tempels. Den Jesusknaben ergriff die geheimnisvolle Heiligkeit des Raumes, der flackernden Flamme und der rätselhaften Sphinx, sodass er seine Eltern völlig vergaß. Er setzte sich zwischen die Löwentatzen der Sphinx und schaute in die Flamme. Aber vor Müdigkeit fielen ihm bald die Augenlider zu, und er entschlief in den Armen der Sphinx auf dem Sitze des Oberpriesters.

Unterdes suchten die Eltern voller Angst ihren Knaben; aber es war zu viel Volk, um ihn finden zu können. So überlegten sie, sie wollten bis gegen Abend beim Tempel warten, bis sich die Menge verloren hätte. Mit bangem Herzen setzten sie sich vor das Tor und harrten Stunde um Stunde.

Gegen Abend stieg der Oberpriester Ruomah die Stufen zum Allerheiligsten hinunter. Als er zum Altar trat, blieb er plötzlich stehen: Die Sphinx hielt einen Knaben in weißem Gewande in ihren Armen! Zuerst glaubte der Priester, es sei ein geistig Bild, was er da schaue, kniete nieder vor dem Altar und versenkte sich mit seiner Seele in das Gesicht, um es zu ergründen. Da war ihm, er höre die Sphinx sprechen: «Der, den ich hier zwischen den Armen halte, wird sein der wahrhaftige Sohn Osiris, des Weltengottes. Lege die Wahrheit deines Tempels zu seinen Füßen nieder.» Da schlug der schlafende Knabe die Augen auf, erhob sich vom Sitze. Als er den Priester auf den Knien sah, ging er auf ihn zu, gab ihm traulich die Hand und sprach: «Führe mich zu meiner Mutter!» Da stieg der alte Priester mit ihm die Treppe hinauf, an dem Wächter vorüber bis vors hohe Tor. In Kummer ganz verzagt, saß Maria alleine auf dem Sockel einer Säule, denn Joseph war immer noch unterwegs, den Verlorenen zu suchen. Jesus eilte auf seine Mutter zu und schloss sie in seine Arme. Der alte Priester neigte sich vor Mutter und Kind, trat zu Maria und redete lange mit ihr. Von da an war Ruomah der Schutzherr der Heiligen Familie in Ägypten, sorgte für alles, was sie brauchten, und er unterrichtete Jesus in der Weisheit Ägyptens.

Auf der Rückkehr

Am Jordan

Da König Herodes gestorben war, reisten Maria und Joseph wiederum zurück aus Ägyptenland nach ihrer Heimat. Auf dem Wege nach Galiläa kam die Heilige Familie einst an das Ufer des Jordans. Es war ein heißer Nachmittag, und die Sonne brannte glühend hernieder. Da Maria und Joseph im Schatten der Palmen ruhten, begab sich der Knabe an das Wasser. Er trat mit den Füßen ins kühle Nass und schritt tiefer und tiefer hinein ins Wasser des Jordans. Von seiner Haut und von seinem dünnen Linnenkleid fegte es den Wüstenstaub ab, und er wusch und kühlte auch sein Angesicht. Unter den Palmen richtete sich Maria plötzlich aus ihrem Schlummer auf. Wo war ihr Kind? Sie sah hinüber zum Jordan und erschrak, als nur sein Haupt über Wasser ragte. Über ihm strahlte die feurige Sonne, und goldglänzend blendete das Wasser, darin Jesus stand. Einen Augenblick staunte die Mutter über das herrliche Bild. Dann aber rief sie den Knaben herbei. Eben spürte dieser etwas Glattes an seinen Armen herumstreichen, die er im Wasser hielt. Es war ein prächtiger Fisch. Jesus nahm ihn auf seine Arme und stieg mit ihm langsam ans Ufer. Aber der Fisch zappelte nicht, als er ihn aus dem Jordan hob, und gab sich keine Spur Mühe, wieder ins Wasser zu kommen. So brachte der Knabe den großen Silberfisch den Eltern unter die Palmen.

Als Joseph ihn in seine Hand nahm, hatte er bereits still sein Leben verhaucht. Der Vater war sehr froh über das Geschenk des Jordans; denn es mangelte ihnen für heute Abend an Speise. Also richtete er ein Feuerlein, bereitete den Fisch zum Mahle, und alle hatten sie reichlich genug, den Hunger zu stillen. Als die Sonne sank, setzten sie ihre Reise fort; denn solange der Abendschein die Gegend noch etwas erhellte, war gut zu wandern.

Zu Nazareth

Der Blutstropfen

Bei einem großen Stein, wo der Jesusknabe gerne spielte, hatten viele Vögel im nahen Gebüsch ihre Nester. Wenn er dort weilte, setzten sie sich zutraulich auf seine Schulter oder flogen ihm auf die ausgestreckte Hand. Er hätte aber auch nie einem Tiere etwas zuleide getan und sprach zu ihnen wie zu Brüdern.

Einst schabte er mit scharfem Steine von einer Rute die Rinde weg. In allem Eifer glitt ihm der Stein vom Holz ab und schnitt tief in seinen Finger hinein. Das Blut fiel in großen Tropfen zur Erde. Da flog aus dem Busch ein Vogel herbei, setzte sich auf die verletzte Hand und drückte seine Brustfedern gegen die Wunde. Das Blut begann zu stocken und versiegte völlig. Ein anderes Vögelchen tupfte mit dem Federschwanz in die Blutstropfen, die auf den Fuß des Kindes gefallen waren. «Die rote Farbe soll euch zum Andenken bleiben», sprach der Knabe, und flatternd hoben sich die geröteten Vögelein in die Luft. Dieses Zeichen sieht man an *Rotbrüstchen* und *Rotschwänzchen* bis auf den heutigen Tag.

Ein Tröpfchen Blut war ins Wiesengras auf eine Blumenknospe gefallen. Als sie nach einigen Tagen sich zur Blume erschlossen hatte, blieb der Saum ihrer

Blütenblätter auf der äußeren Seite rot; innen leuchtete sie schneeweiß wie vordem. Es ist die Gänseblume; noch heute kann man bei vielen ihrer Art das Blut-rändchen finden.

Das Kornwunder

Joseph schritt über den Acker und säte Korn. Wie ein Goldregen fielen die Körner in die Schollen. Neben dem Acker stand der Jesusknabe und schaute dem Kornwurf zu. «Ach», dachte er, «wenn ich doch auch säen dürfte, nur wenige Körner.» Eben stand Joseph still und fuhr sich mit der Hand über die heiße Stirn. Da bat der Knabe: «Vater Joseph, gibst du mir auch ein paar Körner? Ich möchte gerne ein Äckerlein ansäen.» Rief Joseph zurück: «Hack vorerst ein Stück Boden zurecht, die letzte Handvoll will ich dir aufheben.» Sogleich ergriff der Knabe eine Haue und grub einige Fuß breit die Erde um. Dann las er die Steine daraus, wie er es bei Joseph gelernt hatte, und verkleinerte die Erdschollen. Bald kam der Vater und reichte ihm die letzte Handvoll Saat. Korn um Korn rieselte in den kleinen Acker; die hurtigen Finger gruben sie alle in die lockere Erde ein. Am selben Abend ging ein Regen nieder, und nach wenigen Tagen spross das erste Grün. Es war der Jesusknabe damals sieben Jahre alt.

Der Sommer ging vorüber. Im Sonnenschein reiften die goldenen Ähren. Am Erntetag kamen die beiden zu Acker und Äckerlein. Silbrig blinkend schnitt die Sichel. Sobald Josephs Korn am Boden lag, gab er die Sichel dem Knaben. Der schnitt Halm um Halm bedächtig ab. Nun belud Joseph den Esel mit den fertigen Garben und führte sie zur Scheune. Der Knabe vermochte seine einzige Garbe alleine zu tragen. Infolge großer Trockenheit war in diesem Jahr die Ernte nicht besonders schwer, und die Leute sorgten, das Brot möchte sehr rar werden.

Einige Wochen nach der Ernte drosch Joseph sein Korn. Als es in die Säcke gefüllt war, ergriff der Knabe den Flegel und schlug auf seine Halme. Da war es, als wenn aus den Ähren goldene Bächlein flössen. O Wunder! Die Körner strömten in die Tenne, bis das Korn dem Knaben an die Knie reichte. Dann sprang er fort zu den Häusern von Nazareth und holte die armen Leute herbei: «Kommt mit Körben und Säcken zu unserer Tenne, da bekommt ihr Korn!» Das ließen sich diese nicht zweimal sagen und eilten herbei wie die Hühner zum Futter. Freudig wurden Körbe und Säcke zugefüllt.

Seit langer Zeit war es zum ersten Mal, dass im langen Winter die Ärmsten des Dorfes keinen Hunger leiden mussten, und so gab es sich, dass sie alle das Jesuskind herzlich liebten.

Der Sohn des Schriftgelehrten

Oft, wenn die Kinder zu Nazareth spielten, kam unverhofft ein größerer Knabe daher und verdarb ihnen alles. Das war ein gefürchteter Spielverderber. Sein Vater war Schriftgelehrter und schritt immer sehr vornehm durch das Dorf. Da meinte denn dieser Knabe, er könne den andern Kindern Böses antun, wie er wolle, ihm geschehe nichts.

Einst spielte der Jesusknabe allein auf einem sandigen Platz. Er zog mancherlei Gräben und ließ sie in eine größere Vertiefung münden, die der See sein sollte. Außen herum grub er kleinere Seen und verband sie mit Kanälen untereinander. Wenn er in den großen See das Wasser einströmen ließ, füllten sich nach und nach auch die andern. Immer wieder ließ er das Wasser ein- und ausfließen und freute sich an diesem Spiel.

Eben kam jener tückische Knabe daher und spottete: «Bist du ein Wurm, dass du im Dreck herumwühlen magst?» Mit groben Schuhen trampelte er auf das Wasserwerk, bis alles zerstampft war. Dann sprang er hinweg und lachte. «O weh!», rief das Jesuskind, «dass du zerstörst, was ich erbaue!» Nach diesen Worten fiel den frechen Knaben ein Zittern an. Er wankte, fiel nieder und blieb regungslos auf der Erde liegen. Aus der Nähe eilten Kinder herbei, die gesehen hatten, was vorgegangen war. Man holte die Eltern des gefallenen Knaben. Als diese zur Stelle kamen, jammerte die Mutter: «O weh, er ist tot!» Der Vater aber blickte finster umher und fragte in die Runde: «Wer ist es, der solches an unserem Sohne getan hat?»

Man holte auch Joseph und Maria herbei. Als sie hörten, was geschehen war, fiel ein Schreck über sie vor dem versammelten Volke. Sie fürchteten, ihrem Knaben möchte ein Leid angetan werden. Unterdessen trat dieser zu dem Gefallenen, der noch immer am Boden lag, fasste ihn am Arm und richtete ihn vor aller Augen auf. Er sprach leise einige Worte zu ihm, worauf jener die Augen öffnete und beschämt den Blick niederschlug. Er entsprang auch gleich der Menge, ohne seiner Eltern zu achten. Lange Zeit hat er von da an die andern Kinder gemieden und nie wieder ein Spiel verdorben.

Die versammelten Menschen gingen voll Staunen auseinander und sprachen: «Was ist das für ein Kind, das solche Zeichen tut?»

Der Schlangenbiss

Auf einer blühenden Wiese spielten mehrere Kinder mit dem Jesusknaben. Sie sprachen zu ihm: «Du sollst unser König sein; aus Blumen winden wir dir eine Krone!» Sogleich suchten sie auf der Wiese nach den schönsten Blüten und lösten bei einer nahen Mauer den Efeu vom Stein. Eine duftende Krone setzten sie ihrem König auf das Haupt, und mit einem großen Blumenstrauß füllten sie seinen Arm. Nun schritten sie an ihm vorbei und verneigten sich. Er schenkte mit der freien Hand jedem der Kinder eine Blume. Sie dankten fröhlich dafür, hüpften munter hinweg und traten wiederum vor den König, bis der ganze Strauß verschenkt war.

Indem die Kinder sich des Blumenspieles freuten, stiegen zwei Männer vom Bergwald herunter; die trugen auf einer Bahre den Knaben Simon. Dieser war auf der Höhe beim Holzen gewesen. Was war ihm zugestoßen? Simon hatte oben im Wald die Eier eines wilden Huhnes in einem Gebüsch entdeckt und wollte sie seiner Mutter nach Hause bringen. Als er die Hand danach ausstreckte, schoss eine giftige Schlange hervor und biss ihn. Er tat einen lauten Schrei und fiel zur Erde. Zwei Holzer hatten den Ruf vernommen und eilten herbei. Sie fanden den Knaben. Zuckend lag er auf dem Boden. An der Hand bemerkten sie bald die kleine Wunde des giftigen Bisses. «Da ist nicht mehr zu helfen», sprachen sie zueinander. Aus Ruten flochten sie eine Bahre und trugen den Knaben für tot gegen das Dorf hinunter.

Sie kamen bei der Wiese vorbei, wo die Kinder mit Blumen spielten. Die umringten die beiden Träger und den bleichen Simon, der oft beim Spielen unter ihnen war. Die Männer deuteten mit wenigen Worten den erschrockenen Kindern das Unheil an. Auch der Jesusknabe war herbeigetreten. Als er von dem Geschehnis vernommen hatte, sprach er zu den Holzern:

«Tragt den Knaben zurück zum Schlangenbusch;

Simon soll leben!» Die Männer verwunderten sich über diese seltsame Bitte und zögerten, Folge zu leisten. Da sie aber schon andere Wunderdinge von dem Knaben gehört hatten, der die Blumenkrone trug, schickten sie sich schließlich an, die Bahre wieder den Berg hinaufzutragen. Einige Kinder riefen: «Die Schlange muss sterben, Simon soll leben!» und folgten hinterher. Der Zug kam hinauf zu der Stelle, wo der Knabe gebissen worden war. Die Holzer stellten die Bahre ab, und der Jesusknabe rief: «Komm hervor, Schlange! Sauge dem Simon das Gift heraus, das du ihm eingestochen hast!» Da raschelte es im Busch. Langsam kroch die Schlange heran. Sie züngelte hin zum Knaben, der am Boden lag, und begann, das Gift wieder aus seiner Hand zu saugen. Nachdem sie dies getan, entschwand sie eilig.

Dem bleichen Simon röteten sich langsam die Wangen; er schlug die Augen auf und sah erstaunt auf die Kinderschar, die ihn umringte. Der Jesusknabe reichte ihm die Hand, und er erhob sich. Wie jubelten die Kinder! Einige beluden sich mit dem Holz, das Simon gesammelt hatte, und ein Bube holte keck die Eier des Wildhuhnes im Busch. Dann nahmen sie Simon und das Jesuskind in ihre Mitte und zogen jauchzend den Berg hinunter.

Die beiden Holzer blieben noch lange stehen oben

beim Busch. Ihr Verstand konnte nicht fassen, was sie hier mit angeschaut hatten.

Der Knabe Simon ist später einer der zwölf Jünger des Christus geworden.

Der Knabe Judas

Es war eine Mutter, die hatte einen Sohn mit Namen Judas. Der wurde oft von einem bösen Geist geplagt. Alle, die in einer schlimmen Stunde dem Knaben nahe kamen, wurden von ihm gekratzt und gebissen. War er allein, so biss er sich selbst in die Hände, in Arm und Fuß.

Nun hatte seine Mutter vernommen, dass zu Nazareth ein Knabe sei, der besondere Kräfte habe. Sie hoffte, dieser Knabe könne vielleicht auch ihrem Kinde helfen, und sie reiste mit Judas dorthin.

Als sie in Nazareth ankamen, spielte der Jesusknabe gerade mit Jakobus und Joses vor dem Hause. Der Judasknabe trat zu den Gespielen und setzte sich in ihre Mitte. Alsbald fing er an zu toben und biss das

Jesuskind in die Seite. Das fasste Judas bei einer Hand und hielt sie in der seinen. Eine Träne quoll aus den Augen des Jesuskindes und tropfte dem Judas auf das Haupt. Da zuckte er heftig zusammen, und der böse Geist fuhr, ähnlich der Gestalt eines Tieres, heraus und ließ ihn von nun an in Ruhe.

An der Stelle. wo der Judasknabe gebissen hat, stießen später die Kriegsknechte dem Christus die Lanze in die Seite, als er am Kreuze starb auf Golgatha.

Der Kreuzbaum

Zu Nazareth waren einige Knaben beisammen und der Jesusknabe unter ihnen. Sie redeten davon, was sie werden möchten, wenn sie groß wären und einen Beruf ausüben könnten. Der eine sprach: «Ich will Goldschmied werden und für Könige herrliche Kronen mit Edelsteinen schaffen und goldene Geräte.» Ein anderer sagte schüchtern: «Ich möchte ein Schafhirte sein und alle Tage unter freiem Himmel die Schäflein weiden und, wenn es stürmt, sie in einen sichern Stall treiben.» Der dritte wollte Kriegsmann werden, gegen wilde Tiere kämpfen und blanke Waffen tragen. Der vierte wünschte Gärtner zu sein: «Die ganze Erde wollte ich mit duftenden Rosen und Lilien und farbigen Blumen bepflanzen, dass überall Wohlgeruch wäre.» Der fünfte begehrte als Fischer auf den See zu fahren und alle Tage sein Netz auszuwerfen. Nur einer schwieg: der Jesusknabe. Alle bestürmten ihn: «Sag uns, was möchtest du denn sein?» – «Das kann ich nicht recht erzählen», sprach er. Da drängten die Kameraden, Jesus möchte ihnen doch ein Zeichen seines späteren Berufes geben. Endlich sagte er: «Von allen euren Berufen werde ich etwas haben: Ich werde Goldschmied sein und das Gold der Weisheit schmieden. Ich werde Hirte sein und die verlorenen Schafe suchen. Ich werde Krieger sein und kämpfen gegen alles Böse der Welt. Als Gärtner werd ich Samenkörner in die Erde streuen. – Ich möchte sein ein breiter Strom und tränken alle Kreatur.» Da verwunderten sich die Knaben, und einer fragte: «Wo wirst du das viele Wasser hernehmen?» Er aber sprach: «Mein Wasser wird sein das lebendige Wort, das Himmel und Erde geschaffen hat.» Und da von Jesu Worten die Knaben alle ernst und nachdenklich wurden, sagte er: «Folget mir nach zu jenem Walde, dort will ich euch den Baum zeigen, daraus mein Thron gezimmert sein wird.» Er führte sie über Felder und Hügel zu dem Wald. Darin stand ein Baum von eigener Art, wie ihn die Knaben noch nie gesehen hatten. Der Jesusknabe nahm einen spitzen Stein und ritzte in die Rinde ein kleines Kreuzzeichen und sprach: «Dieser Baum wird dereinst mein Thron sein, und von ihm werde ich auf die Stadt Jerusalem herabschauen.» Da er also geredet, setzte er sich zu Füßen des Baumes und deutete den Knaben, ihn allein zu lassen. Da gingen seine Freunde still heimwärts und sprachen zueinander: «Er führt so seltsame Reden und ist doch, als ob in jedem seiner Worte Wahrheit lebe.»

Das Licht leuchtet weiter

Christ-Offerus

Es war einmal ein Riese, der hatte so starke Kraft, dass er von Hand einen Tannenbaum samt der Wurzel ausreißen konnte. Sein Name war Offerus. Schon bei manchem Bauern hatte er Arbeit verrichtet; aber auf keinem Hofe blieb er lange Zeit, denn immer wieder war die Arbeit bald getan, und das Nichtstun langweilte ihn sehr. Da sprach er bei sich selbst: «Ich will den allermächtigsten Herrn auf der Welt suchen, und nur dem will ich dienen. Der kann gewiss meine ganze Kraft brauchen.» Also reiste Offerus von Land zu Land, von Stadt zu Stadt, und überall fragte er nach dem mächtigsten Herrn. Schließlich kam er an einen Königshof. Ein Handwerksbursche hatte ihm gesagt, dieser König sei der mächtigste weit und breit. Offerus ließ sich vor den Thron führen und bot seine Dienste an. Wie der König den kräftigen Riesen erblickte, sprach er: «Nie hätte ich dich besser brauchen können als eben jetzt! Du sollst unter meinen Kriegsknechten der gewaltigste sein; mit dir wird sich jede Schlacht gewinnen lassen.»

Der König hatte nämlich gerade auf diesen Tag alle Krieger seines Landes zu sich herbefohlen. Er musste sie zu einem Heere sammeln, weil der Nachbarkönig eingebrochen war, eine Stadt überfallen und niedergebrannt hatte. Dem wollte er nun ein starkes Heer entgegenschicken. In aller Eile musste der königliche Waffenschmied für Offerus ein riesengroßes Schwert hämmern, denn alle anderen im Schloss waren viel zu klein für ihn. Andern Tages zog das Heer in den Kampf, der Riese an dessen Spitze. Schon am dritten Tage kam ein schneller Bote zurück ins Schloss und meldete: «Bekränzet das Tor, bekränzet den Turm, unsere Krieger haben gesiegt! Es war furchtbar zu schauen, wie Offerus kämpfte. Da blieb für die andern Kriegsgesellen wenig zu tun. Vor den Streichen des Riesenschwertes floh der Feind in die Wälder und zerstreute sich in die Berge. Der Räuberkönig ist erschlagen!»

Bald läuteten von allen Türmen der Stadt die Glocken. Türen und Treppen des Schlosses wurden mit Blumen bekränzt. Der König befahl, im großen Saale die Tafel herzurichten, um das Siegesfest würdig zu feiern. Ein Harfenspieler sollte zur Saitenmusik singen, und Schwerttänzer waren bestellt, ihre Kunst zum Besten zu geben.

Am Abend erleuchteten viele Lichter den Saal. Offerus saß neben dem König. Wie der Harfner spielte, sang er ein Lied in die Saitentöne, worin der Name des Teufels stand. Da zeichnete der König unvermerkt mit dem Finger ein Kreuz über die Stirne. Offerus hatte dies wahrgenommen. «Merkwürdig», dachte er, «was da der König getan hat.» Das Lied verklang, und die festliche Schar trank heiter aus dem Becher. Als der König den Riesen fragte, wie ihm der Gesang gefallen habe, sprach dieser: «Eines nimmt mich wunder, o König. Warum hast du plötzlich ein Zeichen über deine Stirne gezogen?» Antwortete der König: «Das tu ich immer, wenn der Name des Teufels an mein Ohr dringt. Seine Macht ist groß in dieser Welt!» Sprach Offerus wieder: «Ist denn des Teufels Macht größer als die deine?» – «Ich regiere über ein Land; der Teufel hat Macht in der ganzen Welt!», sprach der König.

Offerus hatte noch nie vom Teufel gehört und meinte, das sei auch ein König. Er dachte: «Wenn es einen gibt, der noch mächtiger ist als dieser König, dann will ich fort von hier und den andern suchen. Dem *allergrößten* Könige will ich dienen!»

Am folgenden Tag nahm Offerus Abschied, so ungern ihn der König ziehen ließ, und wanderte weiter in die Welt. Überall auf seinem Wege fragte er, wo der Teufel wohne, aber niemand konnte ihm Bescheid geben. Ja mancher, den er befragte, erschrak ob der Frage, sodass Offerus dem unbekannten Könige noch größere Achtung zollte.

Wie der Riese einst durch einen finsteren Wald schritt, gesellte sich von hinten die Gestalt eines seltsamen Wanderers zu ihm. Grünlich war sein Kleid, von seinem Kinn stach ein spitzes Bärtchen in die Luft, und eine schwarze Feder zierte den Hut. Sogleich fragte Offerus: «Wanderer, kannst du mir sagen, wo ich den Teufel treff?» – «Er geht neben dir – ich bin es selbst!», antwortete der Grüne. «Ist es wahr, dass du Macht hast in der ganzen Welt?» – «So ist es!», antwortete der Teufel. «Dann sage mir, darf ich dein Diener sein? Hast du mir Arbeit?» (Das fragte Offerus, weil er nicht wusste, dass des Teufels Werk böse ist.) «Ich weiß eine Arbeit, komm mit mir!», winkte der Teufel und sprang voran, schräg durchs Gebüsch.

Als sie eine Weile gegangen waren, blieb der Grüne bei einer großen Tanne stehen und befahl: «Reiß aus!» Offerus riss den Baum mit *einem* Ruck aus der Erde. Noch musste er die Äste abbrechen, dann winkte der Teufel wiederum, und er folgte ihm, den mächtigen Stamm auf der Schulter tragend. Bald traten sie aus dem Walde und kamen an einen Ort, wo fleißige Männer seit Wochen an einer Kapelle bauten. Schon waren die Hölzer des Dachstuhles aufgesetzt, und am Aufrichtetännchen flatterten helle Streifen. Feierabend war es, die Arbeiter hatten die

Stätte verlassen. Am Morgen wollten sie das Dach mit Ziegeln decken.

«Schlag da drauf, aber stark!», rief der Teufel und zeigte auf den Bau. Alsbald zerschlug der mächtige Tannenstamm die Dachhölzer und zertrümmerte die Mauern, dass nicht *ein* Stein auf dem andern blieb.

«Die erste Arbeit hast du gut getan», lobte der Teufel und schmunzelte.

Offerus wusste nichts anderes, als zu tun, was sein neuer Herr ihm befahl, und folgte ihm weiter auf seinem Wege.

Als am anderen Tag die Arbeiter gegen die Kapelle kamen, sahen sie mit großer Betrübnis den zerstörten Bau. «Das hat der Böse getan!», rief einer. «Lasst uns ein Kreuz am Wege aufrichten, bevor wir weiterbauen; das wird ihn abhalten.» Wie gesagt, steckten sie ein Holzkreuz mitten in den Weg, der zur Kapelle heraufführte. An die Arbeit tretend, sangen sie ein Lied und begannen die Trümmer wiederum aufzubauen.

Nach einiger Zeit, als schon das Dach den heiligen Raum schirmte, kam der Teufel wieder mit Offerus zu diesem Orte. Wiederum trug der Riese einen Tannenstamm. Der Teufel ging voran. Wie er in die Nähe des Kreuzzeichens kam, zuckte er zusammen, bockte zur Seite und lief einen weiten Bogen darum herum. Verwundert blieb Offerus stehen: «Das Kreuz über die Stirne, das Kreuz im Wege – sag, Teufel, warum springst du auf die Seite?» – «Frage nicht und schlag aufs Dach. Schau, schon die Ziegel haben sie oben!» – «Und ich schlage keinen Streich, bis du mir sagst, was dieses Holz bedeutet!» – «Ich werde mich hüten», sprach der Teufel, «seinen Namen auszusprechen.» – «Ist das so ein gefährlicher Name, dass sich der Teufel davor hüten muss?», fragte Offerus. «Gibt es etwa einen Herrn, der noch stärker ist als du?» Jetzt trat der Teufel nahe an ihn heran und flüsterte: «Es gibt einen, der hat auf der Erde und im Himmel Macht. Frage nicht weiter danach, komm, schlage tüchtig zu!» Aber Offerus antwortete: «Wenn es einen Herrn gibt, der nicht nur über ein Land, nicht nur über die Welt, sondern auch noch im Himmel Macht hat, dann ist das der größte König, nur dem will ich dienen!» Mit diesen Worten schlug der Riese den Baumstamm zur Erde, gerade dem Teufel auf den Fuß. Dann schritt er auf die Kapelle zu und ließ den Teufel fluchend davonhinken.

Am frühen Morgen kamen die Arbeiter. Sie fanden den zersplitterten Baumstamm im Weg und einen schlafenden Riesen im Gemäuer. Den hatten die Stimmen geweckt, und er trat hinaus zu den erschrockenen Männern. Er achtete wenig auf ihre Furcht, zeigte mit der Hand auf das Kreuzholz und fragte: «Was ist das für ein König, dem dieses Zeichen zugehört?» Die Bauleute antworteten: «Das können wir dir nicht so recht sagen, lieber bauen wir an seinem Hause. Aber geh eine Stunde gegen Sonnenaufgang, dort fließt ein Strom. Darüber findest du im Felsen eine Höhle, darin ein alter Mann, ein Einsiedler, wohnt. Der kann es dir wohl sagen.»

Offerus begab sich auf den Weg und fand alles, wie die Männer ihm erklärt hatten. Er stieg vom Strome hinauf in den Felsen, ein schmaler Pfad wies ihm den Ort der Höhle. Verwundert schaute der Einsiedler auf den Riesen, der da vor seine Klause trat. «Was willst du von mir?» Sprach Offerus: «O sage mir, Alter, wo kann ich den König finden, der über alle Erde und im Himmel Macht hat?» – «Zwei der Wege gibt es, ihn zu finden», äußerte sich der Greis. «Der erste heißt dich einen stillen Ort aufsuchen wie ich; wenig Speise musst du essen und die Geschichten der Heiligen Schrift lesen.» – «Das ist nicht mein Weg», erwiderte Offerus, «lesen kann ich nicht, stille sein mag ich nicht. Schau meine Arme mit ihrer Kraft, die wollen schaffen!»

Der Einsiedler nickte und fuhr fort: «So höre den zweiten Weg: Da musst du mit aller Kraft den Menschen dienen. Siehst du dort unten den breiten Fluss? Keine Brücke führt darüber, und doch möchten jeden

Tag viele Wanderer ans andere Ufer. Steige hinunter, baue eine Hütte ans Wasser und trage die Menschen hinüber auf deinen starken Schultern.»

«Das tu ich gerne!», rief Offerus, dankte dem Alten und schritt wieder der Tiefe zu. Eine Hütte war bald ans Ufer gebaut, und fortan trug der Riese zu jeder Stunde die Wanderer hinüber, ohne dass er daran dachte, Lohn zu fordern. Gab ihm einer ein Brot oder Früchte, so sagte er Dank.

Das erste Jahr ging zu Ende. Offerus stieg hinauf zur Höhle des Einsiedlers und sprach: «Alter Mann, der große König ist noch nicht gekommen.» – «So trage noch ein Jahr. Er wird schon kommen.» Und er schritt wieder hinab zum Strome, der getreue Riese. Also stieg Offerus Jahr um Jahr hinauf zum Einsiedler, und sein König kam nicht. Zum siebenten Male schon schickte ihn der Alte wieder hinunter an den Fluss. Doch Offerus murrte nicht.

In einer wilden Nacht, als es draußen fürchterlich stürmte, schlief Offerus in seiner Hütte einen tiefen Schlaf. Plötzlich erwachte er. Ganz deutlich war ihm, er hätte eine Stimme rufen hören vom andern Ufer her. Er stand auf, ergriff den mächtigen Stab und schritt in die tosenden Wellen. Aber drüben fand er niemand zum Tragen; nur der Wind sauste gewaltig durch die Bäume. «Hab ich wohl im Schlafe den Wind

rauschen gehört?», dachte er und legte sich wieder in die Hütte. Kaum war er von Neuem eingeschlafen, schrak er wieder auf. Ganz deutlich hatte ein Kind gerufen. Wiederum schritt Offerus durch das Wasser. Die Wellen gingen nicht mehr so hoch, und der Wind hatte sich etwas gelegt. Am anderen Ufer war weit und breit kein Mensch. – Er rief in die Nacht; keine Antwort erfolgte. «Merkwürdig», brummte er in seinen Bart, «ich habe doch rufen hören.» Es blieb ihm nichts übrig, als sich wieder in die Hütte zu legen.

Zum dritten Male erwachte er. Draußen schwiegen Welle und Wind. Eine silberhelle Stimme rief: «Hol herüber, Offerus!» Als er vor die Hütte trat, leuchtete ihm vom andern Ufer her ein Lichtschein entgegen. Es wollte ihm scheinen, ein Kind stehe darin und warte. Offerus schritt durch den Strom und sah jetzt deutlich, wie die zierliche Gestalt vom Lichte ganz umflossen war. Drüben beugte er sich vor dem wundersamen Kinde und hob es sachte auf seine Schulter. Als er zurück durchs Wasser schritt, begann das Kind schwer und schwerer auf ihm zu lasten. Mit jedem Schritte musste er tiefer das Knie beugen. Auch fingen Wind und Wasser wieder an zu brausen, hoch schlugen die Wellen an Bart und Gewand. In der Mitte des Stromes sank er in die Knie. Es war ihm, die ganze Erde laste auf seinen Schultern. Er glaubte zu versinken, richtete das Haupt aufwärts und sprach verzagt: «O Kind, wie bist du schwer!» Da antwortete es von oben mit heller Stimme: «Offerus, du trägst mehr als die Welt, du trägst den, der sie erschaffen hat.» Und wie er so aufschaute, erhob sich über ihm eine hehre Lichtgestalt. Ihr Antlitz leuchtete wie die Sonne, und ein Sternenkranz umstrahlte ihr Haupt. Es war Christus, der Herr, und er sagte: «Du hast auf mich gewartet sieben Jahre und treu den Menschen gedient. So taufe ich dich auf meinen Namen: Heiße fortan Christ-Offerus. Bei deiner Hütte stecke den Stab in die Erde. Wenn aus dem dürren Holze grüne Blätter sprießen, wirst du bei mir sein.»

Das Licht verging; die Schulter wurde leicht, und die Sterne glänzten wieder wie zuvor. Christofferus richtete sich auf, schritt zur Hütte und steckte seinen Stab tief in die Erde.

Am dritten Tage danach riefen die Wanderer vergebens nach dem Riesen. Niemand trat aus der Hütte, sie hinüberzutragen. Man kam zur Hüttentür und fand den Stab des Riesen in der Erde stecken; über und über waren grüne Blätter herausgewachsen. Laute Stimmen riefen nach ihm; er kam nicht. Drinnen fand man seinen leblosen Leib auf der Erde liegen.

Auf diese Kunde hin kamen aus nahen und fernen Gegenden Menschen herbei und trauerten um den guten Träger, hatte er sie doch bei Tag und Nacht, in Sturm und Wetter ans andere Ufer gebracht. Ein Bote stieg hinauf zum Einsiedler und erzählte, was er angetroffen habe. Der Alte nickte und sprach: «Gebt dem Riesen das Grab; Christofferus hat den größten König gefunden; ich muss noch warten ...»

Der erste Weihnachtsbaum

Nahe der Stadt mit der großen Kirche lebte vor Zeiten ein armer Korbmacher mit seiner Familie. Da es nun Winter war, die Bauern alle Früchte geerntet hatten, ging sein Gewerbe gar schlecht. Niemand wollte ihm seine Körbe abkaufen. Die Kinder des Korbmachers waren noch klein. Franz, der Älteste, an die neun Jahre alt. Weihnachten stand vor der Tür, als die Frau des Korbmachers in aller Armut ein Kindlein zur Welt brachte. Man nahm einen der unverkauften Körbe, gab etwas Stroh hinein und legte den Neugeborenen darauf. Vater schnitt ein altes Tuch zurecht und deckte damit das Kind zu. Franz sah den Kleinen am

Tag des Heiligen Abends zum ersten Mal. Er dachte: «Hätt ich doch nur ein wenig Geld, um meinem Brüderchen ein weißes Wickeltuch zu kaufen, wie ich es letztes Jahr zu Weihnachten in der großen Kirche gesehen habe; das Krippenkind war damit zugedeckt.» Und wie er seine Mutter bleich im Bette liegen sah, kam ihm der Gedanke: «Mutter soll von mir eine große Flasche Milch kriegen. Die soll sie ganz alleine trinken. Milch macht rote Backen.» Nun sann der kleine Franz auf nichts anderes, als wie er zu einem Wickeltuch und zu Milch kommen könnte. Er hatte vernommen, dass man in der Stadt in manchen Häusern für die heiligen Nächte immergrüne Zweige von Tannen, Stechpalmen und Misteln aufstecke und solches Grün kaufe. Damals war der Weihnachtsbaum noch unbekannt. Franz überlegte: «Der nahe Wald gehört dem Schlossherrn. Da darf ich kein Bäumchen schlagen. Die Stechpalmen sind tief verschneit, und Misteln finden sich schwer in schneebehangenen Bäumen.» Traurig trat Franz zum Korb des neugeborenen Brüderchens und schaute in sein schlafendes Gesichtchen. Die alte Großmutter hatte ihm einst erzählt, dass die Heiden früher glaubten, bevor ein kleines Kind zur Welt komme, schlafe seine Seele draußen im Felde unter dem großen Heidensteine. Oft hatte er dort bei dem uralten Stein gelauscht, der von Gebüsch und Steinen umgeben war. Da kam Franz plötzlich der Gedanke: «Dort hat es ja kleine Tännchen; dort kann und darf ich eines holen! Das Heideland gehört niemand.»

Bald stapfte Franz durch knietiefen Schnee hinaus zum Heidenstein. Wie er ihm nahte, flogen schwarze Raben auf, krächzten laut und verschwanden über Feld. Er drängte durch Gebüsch und Dornhecke zum Stein vor und fand richtig zwei kleine Tännchen nahe beieinander stehen. Er rüttelte den Schnee aus ihren Ästen. Mit seinen fast erstarrten Händen mühte er sein rostiges Messer durch die dünnen Stämme. Nun lud er die Zwillingsbäumchen auf den Rücken und beeilte sich, vor der Dämmerung in die Stadt zu gelangen.

Der Weg schien ihm heute recht weit. Der tiefe Schnee behinderte das Gehen. Doch wacker stapften seine Beine voran. Sein Atem keuchte lebhaft, bis er endlich auf die Landstraße kam. Ein vornehmer Pferdeschlitten sauste ihm von der Stadt her entgegen. Er musste an den Wegrand weichen, glitt aus und rutschte mit den Bäumchen die Straßenböschung hinab. Der Schnee war in seine Kleider gedrungen. Auch die Bäumchen waren wieder über und über mit Schnee bedeckt. Mühsam kroch er aufwärts. Hätte er nur eine Schnur mitgenommen! Auf allen vieren, in den

Fäusten das untere Ende der Bäumchen wie Stöcke benutzend, kroch er wieder zur Straße hinauf. Oben stellte er sich an den Wegrand und zog einige Tannennadeln aus den Handflächen, die durch das feste Zupacken sich in die Haut eingespießt hatten. Da er keine Handschuhe besaß, waren ihm die Finger fast erstarrt. Er hauchte fest in die Fäuste und schlug die Arme um den Leib, wie er es von Vater gelernt hatte, sie wieder zu erwärmen. Als er so dastand und sich abmühte, bald Schnee- und Eiskrusten von seinen Kleidern abzukratzen, bald seine Hände noch besser zu wärmen, nahte gemächlich ein Bauernschlitten, den ein alter Gaul zog. Er war mit Reisigwellen beladen. Obenauf saß der Bauer, der eine Bestellung Brennholz in die Stadt führte. Der Schlitten hielt neben Franz und mit einer winkenden Gebärde deutete der Fuhrmann: Hinten aufsteigen! Rasch kletterte Franz hinauf, klemmte beide Bäumchen zwischen die Beine, die nun wieder würdig ihre Gipfel hoch trugen. Kein Wort verlor der Bauer, auch nicht als sie durchs Stadttor einfuhren. Er hielt plötzlich an, winkte, den Daumen abwärts gewendet: Absteigen! Die leisen Dankesworte des Knaben hörte er kaum, seine Pelzmütze war zu tief über die Ohren gezogen.

Franz schlang beide Arme um die Bäumchen, damit er die Hände in die Rocktaschen stecken konnte, und schlenderte langsam dem Platz vor der großen Kirche zu, wo er sich auskannte. Hin und wieder versuchte er scheu, einen Menschen anzusprechen: «Kaufen Sie Weihnachtsgrün? Kaufen Sie ein Tannenbäumchen?» Einzelne der Angesprochenen schüttelten den Kopf, andere wichen zur Seite und hasteten vorüber. Eine Dame, die mit ihrem Manne Arm in Arm daherkam, zeigte fragend auf den Knaben mit den Bäumchen. Aber der Herr zog sie zur Seite und bemerkte: «Die sind ja hässlich, ganz einseitig gewachsen!» Erschrocken prüfte Franz seine Bäumchen. Ja, wirklich, es war so. Da sie ganz neben- und ineinander aufgewachsen waren, bildete jedes eigentlich nur die Hälfte eines Tannenbäumchens. Immer seltener und leiser sprach Franz sein Sätzchen: «Kaufen Sie Weihnachtsgrün? Kaufen Sie ein Tannbäumchen?» Niemand wollte eines haben. So kam Franz in Nähe der Kirche vor einen Bäckerladen zu stehen. Müde lehnte er sich an die Hauswand. Ein herrlicher Duft von Weihnachtsgebäck wehte ihn an. Wie schön war es, ihn einzusaugen! Wenn nur seine Füße nicht so kalt wären! Es dunkelte merklich, und leise Flocken wirbelten durch die Luft.

Auf einmal gewahrte Franz, dass durch die farbigen Kirchenfenster ein schwacher Lichtschein drang. Er überlegte: «Vielleicht könnte der Kirchendiener etwas Tannreisig brauchen fürs Krippenkind. Man könnte ja den Bäumchen die Äste abschneiden.» Derweil sich Franz darüber Gedanken machte, war der Kirchendiener daran, im Chor der Kirche die Weihnachtskrippe zu richten. Eben holte er aus einer großen Truhe die hölzernen Figuren: Engel, Hirten, Maria, Joseph und die Könige. Er blies den Staub aus ihrem Gewand, dann schüttete er gelbes Stroh in eine kleine, gezimmerte Krippe. Wohl an die fünfzig Jahre schon richtete er auf diesen Abend die Heilige Familie und begrüßte mit freundlich murmelnden Worten jede Figur, die er aus der Truhe hob und behutsam an ihren Ort stellte. Fast zuunterst im Kasten kam das Jesuskind zum Vorschein. Es war noch mit demselben weißen Linnen umwickelt, darin er es vor einem Jahre versorgt hatte. Wie er es ausschüttelte, klirrte etwas zu Boden. Eine Münze war es. Im Halbdunkel tastete der Kirchendiener nach ihr, hob sie auf, ohne sie näher zu betrachten, und steckte sie ein. Er brummte: «Ist wohl letztes Jahr dem Kind in die Krippe geopfert worden und hat sich in eine Falte des Wickeltuches verschlüpft.» – Als die Figuren alle in Würde dastanden, streute er einige Efeublätter und Tannreiser zwischen die Krippenleute, dass es aussah wie grünes Feld. Noch einmal überschaute der Kirchendiener wohlgefällig seine Gruppe und hob wie zufällig den Blick aufwärts zum Glasfenster, das über der Krippe zum Chor aufstrebte. Es war das Fenster des Paradieses, darinnen Adam, Eva und die beiden Bäume: der Baum des Lebens und der Baum der Erkenntnis. Unterhalb wand sich die böse Schlange und suchte Eingang. Oberhalb leuchtete eine weiße Taube. «Ist doch heute am 24. Dezember Adam- und Eva-Tag», murmelte der Kirchendiener. «Richte schon so viele Jahre die Krippe unter dem Paradiesfenster und habe nie bemerkt, wie gut das zusammengeht. Heißt es doch im alten Kirchenlied: ‹Wie durch Adam alle sterben, werden in Christo alle leben.› – Aber die weiße Taube? Was soll die Taube über den Bäumen? Muss einmal den Herrn Pfarrer fragen.» So sprach der Alte mit sich selber, indem er zur Kirchentür hinaustrat. Erstaunt bemerkte er draußen auf der Treppe einen frierenden Knaben, der zwei kleine, verwachsene Tännchen unter seinen Armen hielt. Fragte der Kirchendiener: «Was willst du mit den Bäumchen hier auf der Treppe?» Schüchtern antwortete der Knabe: «Kauft Ihr Tannenreiser fürs Krippenkind? Man kann die Äste abschneiden.» Schon wollte der Kirchendiener ihn mürrisch abweisen, er habe Äste genug und schönere, da sah er zwei leuchtend bittende Augen. Zögernd meinte er: «Stell sie da hinten an die Kirchenmauer!» Er griff in die Tasche und schenkte dem Knaben die Münze, die er eben gefunden hatte. «Wozu brauchst's Geld?», fragte der Alte. Der Knabe versetzte: «Hab heute ein klein Brüderchen bekommen. Möcht ihm ein Wickeltuch besorgen, denn es liegt fast nackt im Korbe.» Der Kirchendiener senkte einen Augenblick den Kopf, brummte wieder etwas vor sich hin, nahm den Kleinen bei der Hand und kehrte mit ihm in die Kirche zurück. Er trat zur Krippe, hob sachte das hölzerne Christkind heraus, wickelte das weiße Linnen ab, schüttelte den Staub daraus, legte es in Falten und gab es dem Knaben auf den Arm. Das Jesuskind deckte er reichlich mit Stroh zu, dass nur Händchen und Gesicht hervorguckten. Verwundert stand der kleine Franz da und starrte auf das Tuch auf seinem linken Arm. Jetzt kehrte der Alte sich wieder ihm zu und sprach: «Geh heim und bring's deinem Brüderchen!» Nach diesen Worten schob er den Knaben durch die Kirchentür ins Freie. In einer Hand die Münze, in der andern das Linnen, eilte Franz durch die Straßen der Stadt vors Tor hinaus. In der Dunkelheit konnte er die Menschen nicht mehr erkennen, die ihm begegneten. Immer noch fielen leichte Kristallflocken. Vor der Stadt kam er an einem Bauernhof vorbei. Eben trug die Bäuerin einen Eimer Milch aus dem Stall in die Küche. Trat Franz zu ihr, streckte seine Münze hin und redete sie an: «Bitte gebt mir für dies Geld etwas Milch. Mutter hat heute früh ein Kind bekommen.» Im Laternenschein erkannte die Bäuerin den Korber-Franz und meinte: «Am Heiligen Abend verkaufe ich keine Milch ins Wochenbett. Nimm hier das Krüglein, kannst es jeden Abend bei mir füllen lassen, solange es Winter ist und Schnee draußen liegt. Dein Vater kann mir zum Frühjahr einen großen Korb flechten.» Sie goss nach diesen Worten aus ihrem Eimer Milch in den bereitgestellten Krug und reichte ihn dem Knaben.

Franz mäßigte nun seine Schritte, dass er die Milch nicht verschütte, trat aber bald darauf in einen Bäckerladen, der am Wege lag. Für seine Münze wollte er einen Weihnachtswecken kaufen. Der Bäcker nahm sie in die Hand, drehte und wendete sie unter dem Licht und rief verwundert aus: «Woher hast du dieses Geldstück, Bube?» – «Der Kirchendiener hat mir's gegeben.» Franz musste dem Bäcker alles genau berichten und ihm das weiße Tuch zeigen. Endlich sagte er: «Ein pures Goldstück ist es! Für diese Münze kannst du bis Ostern jeden Tag ein Brot bei mir holen. Und hier hast du den Weihnachtswecken.» Franz wusste nicht, wie ihm geschah. Hatte er recht gehört? «Jeden Tag ein Brot bis Ostern?» Beinah hätte er mit dem Milchkrug einen Luftsprung gemacht. Mit Wickeltuch, Milch und Wecken machte er sich eilig auf den Heimweg.

Draußen hatte es aufgehört zu schneien. Die hellen Weihnachtssterne funkelten, als Franz zu ihrer ärmlichen Hütte kam. Von der Stadt her tönten die Glocken von allen Türmen. Es war ihm, als klinge aus ihren Tönen das Lied, das Großmutter ihn voriges Jahr zu Weihnachten gelehrt hatte: «In dulci jubilo, nun singet und seid froh ...»

Bei der großen Kirche in der Stadt blieben die zwei Tannenbäume unbeachtet bei der Mauer liegen, bis die beiden Buben des Friedhofgärtners sie dort, als es Nacht wurde, erblickten. Einer meinte: «Die stecken wir hinter der Kirche auf den Schneehügel, den wir gebaut haben. Das sieht gut aus; das ist unser Bergwald.» So haben die Gärtnersbuben es getan. Danach begaben sie sich nach Hause, um drinnen bei Licht und Wärme weiterzuspielen.

Gen Mitternacht füllte sich die Kirche mit all den Menschen, die zur feierlichen Christmesse kamen. Der Kirchendiener entzündete Lichter bei der Krippe, dass es zu Bethlehem hell werde. Als der festliche Gesang anhob, setzte er sich unter die Kanzel, etwas verborgen an eine Säule hin. Er war müde vom langen Tagwerk. Als die Kunde des Evangeliums von Christi Geburt zu den Gläubigen kam, schlief der Alte friedlich ein. Im Traume jedoch sah er plötzlich wieder den armen Korbmacher-Knaben. Er trug die beiden Tännchen in die Kirche herein und stellte sie neben die Krippe. Der Kirchendiener wollte es ihm wehren. Da deutete der Knabe auf das Krippenkind. Siehe, es richtete sich auf, ergriff die beiden Tännchen und schwebte mit ihnen ins Paradiesfenster hinauf. Als es sie dort oben zu den zwei Paradiesbäumen stellte, erblühten rote Rosen auf den Tannästen. Jetzt schwebte das Jesuskind noch höher bis zu der weißen Taube hinauf, rupfte ihr einige Federn aus und steckte sie auf die grünen Zweige. Da glänzten sie als helle Lichter auf. Und da sang und klang es in der Weite, und die Lichterbäume brannten so wundersam, dass der Kirchendiener wähnte, im Himmel bei den Engeln zu weilen.

Als er erwachend wieder zu sich kam, war in der Kirche von Chor und Orgel das Gloria längst verklungen, und die Leute verließen eben die Kirche. Er fuhr mit der Hand über die Augen und schaute hinüber zum Paradiesfenster. Es war völlig dunkel, nur darunter bei der Bethlehem-Gruppe brannten die Lichter. Als die letzten Schritte verhallt waren, machte er seine gewohnte Runde, um die Kirchen- und Altarlichter zu löschen.

Die Glocke schlug eins, als der Alte den großen

Kirchenschlüssel zu seinem nahen Sakristeihäuschen trug.

Am Weihnachtsmorgen fand der Kirchendiener die beiden Tannenbäumchen aufrecht auf dem Schneehügel hinter der Kirche. Sie standen genau hinter dem Paradiesfenster des Chores, als ob sie von oben heruntergefallen und im Schnee eingesteckt wären. Er stieg den kleinen Hügel zu den Tännchen hinauf, strich über ihre Zweige und murmelte: «Ihr sollt heute Abend in meiner Stube mit hellen Lichtern brennen, wie ihr sie in der Christnacht im Paradies erhalten habt.» So trug er die Bäumchen in sein Haus. Heimlich befestigte er einige Opferkerzen auf ihren Ästen. Niemand sollte sein Geheimnis kennen, bis am Abend in der Stube seine Kinder und Kindeskinder, die auf Besuch gekommen waren, sich zum Weihnachtsmahl versammelten. Plötzlich trug der alte Vater die Tannenbäume herein und entzündete ihre Lichter zu aller Freude. Er stimmte alsbald ein Lied an zu Ehren der Geburt Christi, das alle mitsangen. Danach aber kam eine wunderbar frohe und feierliche Stille über alle, die die hellen, wärmenden Lichter am Baume betrachteten. Auf einmal stand der alte Vater auf und sprach: «Seht, Kinder, den einen Baum hab ich entzündet für die armen Hirten. Das ist der Hirtenbaum. Sein Licht ist die Liebe und erwärmt Menschenherzen. Der andere Baum gehört den Königen. Das ist der Königsbaum. Sein Licht ist die leuchtende Weisheit. Alle beide sind sie dereinst im Paradies gestanden, und sie werden uns durch das Licht Christi zu neuem Leben erweckt.» Über diese Worte wunderten sich alle sehr, denn es war nie der Brauch des alten Vaters gewesen, in Worte zu bringen, was er in seiner Seele trug.

Von dieser Zeit an haben Jahr um Jahr immer mehr Menschen den neuen Paradiesbaum im Weihnachtsbaume entzündet, und immer mehr Menschen freuten sich an den Lichtern, die Herzen erwärmen und vom Frieden der Himmel auf Erden künden.

Barbara und die Tiere

In den Weihnachtstagen sollte Barbara sieben Jahre alt werden. Ihre Eltern erlaubten ihr, dieses kleine Fest auf dem Lande bei Großvater und Großmutter zu verbringen, wo sie in der Frühe am Tag des Heiligen Abends mit ihrer Mutter anlangte. Vater wollte gegen Abend nachkommen. Den ganzen Nachmittag ging sie auf dem Bauernhof umher, trat in den Stall zu den Kühen, den Kälbchen, zu Pferd und Schaf und war selig, sie alle zu streicheln und Futter aus ihrer Hand fressen zu lassen. Es dunkelte schon, als Melk, der alte Knecht, zu ihr sagte: «Ja, ja, Barbara, heute am Heiligen Abend um Mitternacht können die Tiere für eine Stunde miteinander reden. Die haben einander viel zu erzählen. Aber da schläfst du oben im Stübchen und kannst von dem allem nichts hören.» Barbara sann den Worten des Knechtes Melk nach. Als sie beim Schein der Laterne dem Kälbchen und der Mutterkuh in die Augen schaute, dachte sie: «O, wer doch das hören könnte, was sie reden!» Der Gedanke verließ sie nicht: «Vielleicht kann ich diese Nacht lauschen gehn.» Sie sah, wo die Laterne am Nagel aufgehängt war, kannte draußen die kleine Bank, wo Melk die Streichhölzer verwahrte, und in Barbara wuchs der feste Vorsatz, in dieser Nacht zu den Tieren zu gehen.

Am Abend brannte der Weihnachtsbaum in der Bauernstube. Großvater las zuerst von den Hirten, dann von den Königen, und gemeinsam sang man Weihnachtslieder. Geschenke wurden nie am Heiligen Abend gegeben, sondern erst am Mittag des darauffolgenden Weihnachtstages. Denn Großvater pflegte zu sagen: «Vor lauter Geschenken vergessen die Menschen das große Geschenk, das ihnen gegeben wurde: das Krippenkind.»

Fast eine Stunde schon lag Barbara alleine oben im Bett in ihrem Stübchen. Kein Auge konnte sie schließen. Immer wieder hörte sie die Worte des alten Melk: «Heute um Mitternacht können die Tiere miteinander reden.» Da schlug vom Dorfe her die Glocke des Kirchturmes elf Uhr. Barbara richtete sich im Bett auf; zaghaft ließ sie die Füße über den Bettrand hinausgleiten. Die Weihnachtssterne glitzerten von draußen herein. Leise trat sie mit bloßen Füßen ans Fenster. Drüben stand über dem dunklen Waldhügel die silberne Mondsichel. Von ferne bellte ein Hund. «Was wird wohl um Mitternacht der Hund sagen?», fuhr es ihr durch den Sinn. Vom Stuhl nahm sie die Strümpfe, streifte sie an den Beinen hoch, und bald war sie völlig angekleidet. Als sie die Tür öffnete, knarrte es laut im Holz. Erschrocken blieb sie eine Weile stehen. Nichts regte sich im Hause. Die Schuhe in den Händen, trippelte Barbara leise die Holztreppe zum Stall hinab. Jetzt langte ihre Hand aufs hölzerne Bänkchen und fasste die Streichholzschachtel. Im Stall entzündete sie die Laterne, stellte jedoch den Docht tief, dass nur ein schwacher Schimmer den Raum erhellte. In einer Ecke des großen Stalles setzte sie sich auf einen Strohhaufen, denn sie wagte gar nicht, zu den Tieren zu treten wie bei Tag, um sie zu streicheln. Wer weiß, vielleicht machten sie jetzt eben jene stille Verwandlung durch, die ihnen die Menschenstimme geben sollte. In der feierlichen Ruhe war das schwere Atmen einer Kuh zu hören, von der Melk sagte, dass sie bald ein Kälbchen kriegen werde. Nebenan in einem kleinen Verschlag schlummerte das Mutterschaf mit den beiden Lämmchen, und hinten im Stall trappte hin und wieder das Pferd, das als einziges Tier jetzt auf den Beinen stand. Barbara war so selig zumute, im warmen Stall im Stroh zu liegen, und freudig erwartend pochte ihr Herz. Nur ihre Augen konnte sie schwer offen halten. Hin und wieder hob sie den Kopf, um zu lauschen, ob die Turmuhr bald zwölfe schlage, und legte sich wieder ruhig hin. – Da ertönte plötzlich ein silbernes Klingen. Im Stalle wurde es hell und heller. Alle Tiere standen auf, schüttelten die Köpfe. Alle Ketten und Stricke fielen von ihren Hälsen ab. Das Pferd trat zu ihr und sagte ganz deutlich: «Barbara, sitz auf, wir gehn in den Winterwald zur Felsenhöhle Weihnacht feiern.» Das Pferd zerrte sie am Röcklein, und die Lämmchen sprangen zu Barbara und wisperten:

«Komm mit uns! Da du mit uns Tieren ein gutes Menschenkind bist, darfst du mit uns im Walde Weihnacht feiern.» Barbara stand auf und überlegte, wie sie auf das hohe Pferd käme, ohne dass Melk sie hinaufhob. Da ward sie plötzlich von hinten aufgehoben. Sie saß zwischen den Hörnern einer Kuh, und leicht war es, von da sich aufs Pferd zu setzen. Bald ging es über das glitzernde Winterfeld einem dunklen Waldhügel zu. Von überall her kamen lange Züge von Tieren. Kühe gesellten sich zu Kühen, Schafe zu Schafen, alle nach ihrer Art. Barbara ritt nach und nach inmitten von Pferden, alte und junge, herrliche Reitpferde und müde Karrenzieher. Zur Rechten kamen Kühe, zur Linken Schafe, Ziegen und Hunde. Da der Zug sehr lang war, konnte sie nicht alle Tiere recht erkennen. Von Schritten und Hufen war nichts zu hören. Im Walde hockten bei der großen Felsenhöhle schon die Tiere des Waldes: Hasen und Rehe, Füchse und Marder lagen friedlich nebeneinander, und auf den Tannen vor der Höhle saßen Eichhörnchen und mancherlei Vögel. Ein leises Flüstern und Raunen war überall hörbar. Hier klagte ein Pferd seine Not dem andern: «Sieh auf dem Rücken meine Striemen. Alle Tage ziehe ich am Karren und erhalte dennoch Schläge.» Ein Hund sagte zum andern: «Mein neuer Meister ist lieb zu mir. Alle Tage krault er mich hinter den Ohren und rüstet gutes Futter mit viel Knochen dabei.»

Eine Kuh rühmte: «Einen bessern Knecht als Melk

gibt es nicht. Immer gemütlich und nie fluchen. Er redet mit uns wie mit den Menschen, und ich verstehe schon manches Wort der Menschensprache: ‹Häb ume! Chumm, sä, sä!›» Indes die Tiere so redeten, wurde es in der Felsgrotte hell und heller. Aus der Tiefe der Höhle stieg wie aus der Erde heraus ein lichter Knabe. Alle Tiere ließen sich friedlich nieder, und es wurde stille um und um. Nur Ochs und Esel gingen hin und stellten sich neben die goldene Krippe, die vor dem Knaben stand, wie einst im Stalle zu Bethlehem. Mit klarer Stimme rief er: «Liebe Tiere, dient ihr gerne den Menschen?» Barbara hörte viele freudige Ja; aber auch brummendes Nein und stilles Seufzen mischte sich in die Stimmen, dass es ihr ganz weh ums Herz wurde. Der lichte Knabe schritt durch die Tiere, und wo er Striemen und Beulen sah, strich er sanft übers Fell. Da glänzten viel matte Tieraugen wieder helle. Und die Tiere redeten von Gottes Sohn, der zur Erde gekommen, aller Kreatur zu helfen.

Vom Kirchturm her schlug die Glocke eins. Das Licht der Höhle verschwand in die Erde hinein. Die goldene Krippe versank. In langen Zügen kehrten die Tiere zurück an ihre Wohnstätten. Im Stall ließ das Pferd Barbara vom Rücken ins Stroh hinuntergleiten. Die Lämmchen hüpften in den Verschlag, und die

Kühe schlüpften in ihre Stricke. Bald lagen alle wieder am alten Ort.

In der Frühe des Morgens trappte Melk, der Knecht, zum Stall, um das Vieh zu versorgen. Die Streichhölzer fand er nicht am Platze und hatte sie doch gewiss am Abend an ihren Ort gelegt. Als er umherschaute, gewahrte er mit Erstaunen, dass durchs Stallfenster ein schwacher Lichtschein herausdrang. «Hab ich die Laterne brennen lassen?», brummte er zu sich selber. Er trat hinein in den Stall und entdeckte Barbara auf dem Strohhaufen in der Ecke tief schlummernd. Ein Lächeln ging über Melks runzeliges Gesicht. Er begriff alles. Sachte hob er das schlafende Mädchen auf seine Arme und trug es die Hintertreppe hinauf. Um die Stufen zu ersteigen, schlüpfte er aus den Holzschuhen, damit niemand im Hause erwache. Auf das verlassene Bett legte er Barbara und zog über ihre Kleider die Bettdecke.

Die Kleine erwachte, als von unten die Mutter an den Fußboden klopfte. Erstaunt blickte sie umher. Was sollte sie denken? Was war geschehen? Sie stieg aus dem Bett und rupfte Strohhalme von ihrem Kleid. Hatte das Rösslein sie hier heraufgetragen? Im matten Spiegel des Stübchens sah sie gerade genug, um aus dem Haar das Stroh herauszuzupfen. «Zu keinem Menschen will ich etwas von dieser Christnacht sagen», gelobte sich Barbara, und sie freute sich, ein Wunder erlebt zu haben. Melk, der brave Knecht, fühlte sich ein bisschen mitschuldig, und so schwieg auch er über diese Nacht. Erst viel später, als das Mädchen schon groß war, hat er einmal gefragt, ob die Tiere wohl schön reden in der Heiligen Nacht? Barbara hat genickt, und beide haben sich gefreut, ein stilles Geheimnis miteinander zu hüten.

Nachwort

Durch bald zwei Jahrtausende gedenkt die Menschheit der Geburt Christi. Jedes Jahrhundert hat dieses Gedenken anders gepflegt. In vielen alten Schriften und Legenden verflocht sich Poesie mit Wirklichkeit und hat wie alte Meister in ihren Bildern mit zarten Farben gedichtet und erzählt. Aus solch alten Überlieferungen von Legenden und Fragmenten von Legenden hat der Verfasser geschöpft und sie in Gestalt und Sprache unserer Zeit neu erzählt. So mögen diese Erzählungen vor allem der Jugend einen Hauch des innigen Empfindens geben, das das Geheimnis von Christi Geburt und erster Jugend zeitlos umgibt.

Über den Autor

Jakob Streit wurde am 23. September 1910 in Spiez am Thunersee geboren und wuchs mit fünf Geschwistern sowie mit großen und kleinen Tieren auf. Er besuchte das staatliche Lehrerseminar und fand im Berner Oberland seine ersten Stellen. Neben seiner intensiven Arbeit in der Schule beschäftigten ihn sein Leben lang Fragen der Kultur- und Geistesgeschichte. Seine ersten Bücher entstanden aus den Geschichten, die er den Kindern im Unterricht erzählte. So auch diese Kindheitslegenden. Jakob Streit starb am 15. Mai 2009 im Alter von 98 Jahren.

Im Verlag Freies Geistesleben sind von ihm erschienen: *Puck der Zwerg, Tatatucks Reise zum Kristallberg, Die Zauberflöte, Tiergeschichten, Das Bienenbuch, Kleine Biene Sonnenstrahl, Miriam zu Bethlehem, Das Osterlamm, Ich will dein Bruder sein, Sankt Nikolaus, Und es ward Licht, Ziehet hin ins Gelobte Land, Lasst uns den Tempel bauen, Unsichtbare Wächter, Louis Braille,* das Jugendbuch *Milon und der Löwe* sowie *Sonne und Kreuz. Irland zwischen Megalithkultur und frühem Christentum.*

Weitere Bücher von Jakob Streit

Ich will dein Bruder sein

Die schönsten Heiligenlegenden neu erzählt.

Mit Scherenschnitten von Roland Marti.

150 Seiten, gebunden.

ab 8 Jahren

Und es ward Licht

Von der Weltschöpfung zur Arche Noah.

Mit Zeichnungen von Assja Turgenieff.

121 Seiten gebunden.

ab 9 Jahren

Ziehet hin ins gelobte Land

Der Weg des Volkes Israel von Abrahams Berufung bis zu Davids Traum.

Mit Illustrationen von Herbert Holzing.

154 Seiten, gebunden.

ab 9 Jahren

Weitere Bücher von Jakob Streit

Tiergeschichten

Erlauscht in den Waldwiesen am Brienzer See.
Mit Illustrationen von Hans Peter Weber.
96 Seiten, gebunden.
ab 6 Jahren

Kleine Biene Sonnenstrahl

Ein Bienenmärchen.
Mit Illustrationen von Vernea Knobel.
64 Seiten, gebunden.
ab 8 Jahren

Das Bienenbuch

Mit Illustrationen von Jesus Gabán.
97 Seiten, gebunden.
ab 9 Jahren

Weitere Bücher von Jakob Streit

Louis Braille

Ein blinder Junge erfindet die Blindenschrift.
Mit Illustrationen von Christiane Lesch.
112 Seiten, gebunden.
ab 9 Jahren

Unsichtbare Wächter

Berichte von seltsamen Schicksalserlebnissen.
Mit Illustrationen von Christiane Lesch.
96 Seiten, gebunden.
ab 10 Jahren

Milon und der Löwe

Eine Jugenderzählung aus der Zeit
des frühen Christentums.
Mit Illustrationen von Henriette Sauvant.
232 Seiten, gebunden mit Schutzumschlag.
ab 12 Jahren

VERLAG FREIES GEISTESLEBEN